企业全面预算编制实用手册

张长胜 ◎ 著

北京大学出版社
PEKING UNIVERSITY PRESS

图书在版编目(CIP)数据

企业全面预算编制实用手册/张长胜著. —北京:北京大学出版社,2021.10
ISBN 978-7-301-32489-9

Ⅰ.①企… Ⅱ.①张… Ⅲ.①企业管理—财务管理—预算编制—手册 Ⅳ.①F275-62

中国版本图书馆CIP数据核字(2021)第182460号

书　　　名	企业全面预算编制实用手册 QIYE QUANMIAN YUSUAN BIANZHI SHIYONG SHOUCE
著作责任者	张长胜　著
责 任 编 辑	张俊仪　徐　冰
标 准 书 号	ISBN 978-7-301-32489-9
出 版 发 行	北京大学出版社
地　　　址	北京市海淀区成府路205号　100871
网　　　址	http://www.pup.cn
微信公众号	北京大学经管书苑(pupembook)
电 子 信 箱	em@pup.cn
电　　　话	邮购部 010-62752015　发行部 010-62750672　编辑部 010-62752926
印 刷 者	大厂回族自治县彩虹印刷有限公司
经 销 者	新华书店 787毫米×1092毫米　16开本　16.5印张　335千字 2021年10月第1版　2021年10月第1次印刷
定　　　价	48.00元

未经许可,不得以任何方式复制或抄袭本书之部分或全部内容。
版权所有,侵权必究
举报电话:010-62752024　电子信箱:fd@pup.pku.edu.cn
图书如有印装质量问题,请与出版部联系,电话:010-62756370

《企业全面预算编制实用手册》创作委员会

主　任：张长胜　山东省高校产业教授、高级会计师、山东经贸职业学院特聘教授、浙江新农化工股份有限公司副总经理

委　员：黄巧莉　注册会计师、高级会计师、浙江新农化工股份有限公司财务部部长

　　　　娄秀玲　高级会计师、浙江新农化工股份有限公司财务总监助理

　　　　葛　蕾　金融学硕士、浙江新农化工股份有限公司财务部资金主管

　　　　毛思爽　金融学硕士、浙江新农化工股份有限公司财务部分析主管

　　　　吕　群　注册会计师、浙江新农化工股份有限公司会计核算部经理

　　　　尹　妍　会计学硕士、浙江新农化工股份有限公司财务部预算主管

　　　　陈宇昕　会计学硕士、浙江新农化工股份有限公司财务部费用主管

　　　　吴少芝　会计师、浙江新农化工股份有限公司销售财务部经理

前言
PREFACE

全面预算管理在我国已经推行了三十多年，政府在法规层面提倡和要求企业推行全面预算管理，广大企业也非常重视全面预算管理的实施。然而，大部分企业的实务工作者对全面预算管理的理论并不熟悉和精通，导致我国企业全面预算管理的整体实施水平低下，能称得上真正推行全面预算管理的企业并不多。自2007年以来，作者在北京大学出版社的支持下出版了多部与全面预算管理相关的著作，也指导了很多企业实施全面预算管理。特别是自2016年3月担任浙江新农化工股份有限公司分管财务的副总经理以来，我对于如何提高企业的全面预算管理水平有了更深刻的认识和体会。

第一，解决认识问题，也就是必须提高企业各级领导，特别是董事长、总经理以及财务负责人对全面预算管理重要性的认识。认识是决定企业全面预算管理水平高低的根源性问题，"问渠那得清如许？为有源头活水来"，根源性问题不解决，提高企业全面预算管理水平就是一场游戏、一场梦。

第二，解决能力问题，也就是必须提高企业预算管理实施人员的预算管理操作能力，首先是提高全面预算的编制能力。因为只有把全面预算编得好、编得可行、编得恰如其分，才能为预算执行铺平道路，才能为提高企业全面预算管理水平奠定基础。

预算编制有一项十分重要的规则，就是"由预算执行者编制预算草案"。现实情况是：预算执行者的预算编制水平往往比较低下，而作为预算指导、把关的财务人员也往往处于知其然不知其所以然的状态。因此，拥有一本预算编制工具书，指导企业的全面预算编制工作，成了提高企业预算编制能力和编制水平的关键。基于以上认识，我用了近两年的业余时间，精心编写了《企业全面预算编制实用手册》一书藉以推动国内企业全面预算管理水平的不断提高。

为了确保《企业全面预算编制实用手册》的实用性，也为培养企业的全面预算管理人才，我组建了《企业全面预算编制实用手册》创作委员会，在传授全面预算管理技能的同时，也请团队成员为书稿进行勘误、审核、模拟和提出修改建议。在本书付梓出版之际，我谨向所有团队成员表示衷心感谢。

作为一本实用手册，本书具有以下两个显著特点：

一是系统性。预算编制是一项系统性的工作，该手册包括了预算编制大纲、预算编制原则、编制依据、编制流程、编制流程说明、预算表格、预算表格填表说明等内容。本书试图通过系统性的阐述，清清楚楚地告诉读者全面预算编制的方法和全过程。

二是实用性。本书结合企业全面预算编制的实际情况和现行会计准则、税务法规进行设计和阐述，所有企业只要结合本企业的实际情况将本手册略加修改就能使其成为本企业的预算编制手册。

本书出版得到了北京大学出版社的大力支持，特别是责任编辑张俊仪老师为了保证书稿质量逐字逐句斟酌把关，在此表示衷心感谢。

《企业全面预算编制实用手册》属于原创，受作者水平局限，书中难免有错漏之处，欢迎各位读者批评指正。

张长胜

2020 年 11 月 21 日于杭州

目录 CONTENTS

第一章 全面预算编制准备

第一节　全面预算编制准备概述 …………………………………………… 001

第二节　全面预算编制流程 ………………………………………………… 014

第三节　预算编制大纲与编制目录 ………………………………………… 019

第二章 销售预算编制

第一节　销售发货预算 ……………………………………………………… 026

第二节　销售收入预算 ……………………………………………………… 030

第三节　货款回收与应收账款预算 ………………………………………… 035

第四节　销售成本预算 ……………………………………………………… 041

第五节　销售费用预算 ……………………………………………………… 045

第六节　销售利润预算 ……………………………………………………… 052

第七节　销售资金支付预算 ………………………………………………… 057

第三章 生产预算编制

第一节　产品产量预算 ……………………………………………………… 062

第二节　物料消耗预算 ……………………………………………………… 067

第三节　生产职工薪酬预算 ………………………………………………… 071

第四节　制造费用预算 ……………………………………………………… 075

第五节　产品成本预算 …………………………………………… 084

第六节　生产资金支付预算 ……………………………………… 090

第四章
职工薪酬预算编制

第一节　职工薪酬计提预算 ……………………………………… 095

第二节　职工工资发放预算 ……………………………………… 106

第三节　职工薪酬资金支付与应付职工薪酬变动预算 ………… 109

第五章
期间费用预算编制

第一节　管理费用预算 …………………………………………… 116

第二节　研发支出预算 …………………………………………… 124

第三节　财务费用预算 …………………………………………… 132

第四节　费用资金支付预算 ……………………………………… 141

第六章
存货与采购预算编制

第一节　产品存货预算 …………………………………………… 146

第二节　材料存货预算 …………………………………………… 151

第三节　物料采购预算 …………………………………………… 155

第四节　采购付款与应付账款预算 ……………………………… 161

第七章
折旧、摊销与税费预算编制

第一节　固定资产折旧预算 ……………………………………… 167

第二节　无形资产摊销预算 ……………………………………… 172

第三节　应交税费预算 …………………………………………… 176

第四节　税费资金支付预算 ……………………………………… 181

第八章
投资预算编制

第一节　工程项目预算 …………………………………………… 185

第二节　固定资产预算 …………………………………………… 202

第三节　无形资产预算 …………………………………………… 209

第四节　长期股权投资预算 ……………………………………… 215

第五节　金融资产投资预算 ……………………………………… 219

第六节　投资收益预算 …………………………………………… 222

第九章
财务预算编制

第一节　利润预算 ………………………………………………… 228

第二节　资金预算 ………………………………………………… 238

第三节　资产负债表预算 ………………………………………… 248

Chapter 1 第一章

全面预算编制准备

导言：全面预算管理包括战略转化、预算编制、预算执行和预算考评四个阶段。其中，预算编制是全面预算管理流程中的关键环节，其基本任务是以战略为导向，从时间和空间两个维度为企业的投资计划、经营计划以及各部门的业务（工作）计划配置资源，编制具体的、可执行的行动计划——全面预算。只有编好预算，才能化无形为有形、变抽象为具体，将企业战略、经营目标和年度计划转化为量化的、有资源保障的、可以落地执行的行动计划，从而承接战略，保障企业战略得到有效执行并最终实现战略目标。

第一节 全面预算编制准备概述

一、预算编制的准备事项

工欲善其事，必先利其器。这句名言比喻人们要做好一件事情，准备工作非常重要。全面预算编制作为一项复杂的系统工程，只有将准备工作做好了，预算编制才能得心应手，事半功倍。因此，在全面预算编制之前必须做好充分的准备工作。

一般情况下，全面预算编制的准备事项主要包括：

（一）制定预算编制原则，明确编制准绳

预算编制事关重大，企业必须制定预算编制原则，作为各个预算编制部门和编制人员共同遵守的准则，规范和约束各部门的预算编制行为。

（二）完善基础工作，夯实编制依据

预算编制必须夯实的基础工作有两项：一是经过修订完善的定额资料；二是经过修

订完善的预算价格资料。如果没有定额资料和预算价格资料,预算就无法编制;如果定额资料和预算价格资料不规范、不准确,预算的质量就难以保证。因此,初次编制预算的企业首先要建立健全科学、合理的预算定额体系和预算价格体系;非初次编制预算的企业在编制下一年度预算之前,要对现行的所有预算定额和预算价格进行全面修订,从而为预算的编制提供科学、合理的编制依据。

(三) 设计预算表格,明确勾稽关系

预算编制之前,企业必须根据预算编制的种类、内容和管理要求设计并建立科学、完整的预算表格体系,注明表与表之间以及项目之间的内在逻辑关系,明确表格以及项目之间的平衡、对应、和差、积商、动静和补充等勾稽关系,以便于预算编制人员正确填制各种预算表格。

(四) 确定预算目标,搞好目标分解

预算目标是企业战略规划和经营目标在预算上的具体体现,是预算编制的基本依据。由于预算目标不仅关系到企业战略规划的实施、经营目标的实现,而且其数值的宽松度与经营管理层及全体员工的物质利益密切相关,因此,任何预算目标的确定都是以战略为导向,在市场分析和平衡企业内部各项资源的基础上,经过投资者、决策者、经营者以及内部各个预算执行部门反复协调、测算确定的,是不同利益集团相互协调和相互博弈的结果。所以,将企业战略规划转化为预算目标,并将其细化分解到各个预算编制部门,是预算编制之前非常重要的准备工作,对于统一各预算编制人员的思想认识、明确预算编制目标具有十分重要的导向作用。

(五) 编写预算大纲,规范预算编制

编写预算大纲是预算编制之前至关重要的准备工作,它对于全面预算编制工作的顺利进行具有决定性的作用。预算大纲既要明确预算编制目标和编制责任,又要规定预算编制方针、政策和要求,还要包含一系列预算方法体系,如预算编制方法、预算编制程序等,用以规范和约束各预算编制部门的预算编制工作。

(六) 召开预算会议,布置预算编制

企业编制年度预算之前,一般都要召开预算专题会议,布置年度预算的编制工作,并通过对预算编制大纲的系统讲解,统一各级领导和预算编制人员的思想,使各预算编制部门和人员遵循原则、吃透政策、明确目标、掌握方法、保质保量、按时完成。

二、预算编制原则

预算编制应遵循以下六项原则:

(一) 目标性原则

预算编制要以完成经营目标为目标。经营目标一般指年度经营目标,是以战略规划中确定的企业在某个发展阶段的规划目标和关键举措为主要依据,在分析内外部环境、条件的基础上,制定的企业预算年度内开展生产经营活动所要达到的境界或取得的成果,是企业生产经营活动目的性的反映与体现。企业在预算期内的生产经营活动都要围绕着经营目标进行,因此,预算编制也必须围绕如何完成企业经营目标进行。要通过分析实现经营目标的有利因素和不利因素,综合考虑市场状况和内部条件,落实实现企业经营目标的策略和措施,使各预算责任部门的预算目标总和大于等于企业预算总目标,而企业预算总目标又是企业预算期内经营目标的具体化。

(二) 全面性原则

预算编制的全面性包括预算编制部门和预算编制内容两个方面的要求。从编制部门看,企业各个部门都要编制预算,从而使企业各个部门的业务活动均纳入预算管理的范畴,并具有明确的工作责任目标;从编制内容看,所有与企业经营目标有关的经济业务和事项,均要通过编制预算加以反映和规范,从而使企业的各项经营活动、投资活动和财务活动都能按照预算、围绕经营目标实施和进行。

(三) 真实性原则

真实性是预算编制的基本要求,预算的内容虚假,不仅使预算本身失去价值,而且会导致整个预算管理活动的失败。预算编制真实与否有一个先决条件,就是作为预算编制依据的基础信息质量一定要高。基础信息的高质量体现在:信息必须是真实的、准确的、及时的、便于理解的。预算数据要做到真实可靠,首先,各项收入的来源数据要真实、可靠,对没有把握的收入项目和数额,不能计入收入预算,要做到既不夸大收入数额,也不隐瞒收入数额;其次,各项成本费用支出要有依据、有标准,对于关系到企业生产经营活动正常运转的必要支出,编制预算时必须足量安排,不能留有预算缺口。

(四) 可行性原则

编制预算不是目的,而是实现目的的手段。因此,编制的预算必须具有可行性,体现在预算指标上,就是要做到积极可靠、留有余地。所谓积极可靠,是指要充分估计目标实现的可能性,不能把预算指标定得过低或过高;留有余地是指为了应付千变万化的客观情况,预算的制定要有一定的灵活性,以免在意外事件发生时措手不及,影响整个经营目标的实现。

(五) 谁执行谁编制原则

由预算执行者编制预算是预算编制的一项重要原则。预算编制不仅是个技术问题,也是一个思想意识和责任问题。只有让预算执行者编制预算,才能强化各部门及全体员工的预算意识和责任担当,提高全员参与全面预算管理的积极性、主动性和创造性,为全面预算的有效执行打下坚实的基础,从而有效提高预算执行力,保障全面预算管理活动的顺利实施。

(六)充分沟通原则

编制的预算能否成功实施,最终取决于企业的全体员工。因此,预算编制必须以人为本,重视预算的人性化。要正确把握预算项目的恰当性和预算目标的合理性,编制的预算要稳妥可靠,量入为出;各个部门承担的预算项目和预算指标要通过摆事实、讲道理、算细账的办法进行协调和落实,既要看到完成预算目标的有利因素,又要看到完成预算目标的不利因素,绝不能单纯采取行政命令的办法进行硬性摊派;要通过充分的沟通、协调达成共识,有效避免领导与员工之间信息不对称带来的负面影响,为预算的成功实施打下坚实基础。

三、完善定额资料

定额是指在一定的生产技术和生产组织条件下,在充分考虑人的主观能动性的基础上,对人力、物力、财力的配置、利用、消耗等方面所确定的标准。定额是编制计划和预算的依据、核算与分析的基础、管理与控制的工具,因此,搞好定额管理不仅是编制全面预算的需要,也是加强企业经营、生产、计划、财务、技术、劳动、物资管理乃至整个企业经营管理的需要。

(一)定额的种类

定额的种类很多,涉及预算编制的定额主要有以下五种:

(1)劳动定额。它指有关人力资源消耗或占用方面的定额,如定员定额、劳动生产率定额、工时定额、工资定额、服务定额等。

(2)生产及设备定额。它指有关生产能力及机器设备利用或占用方面的定额,如产量定额、设备利用率定额、生产能力利用定额、台时定额等。

(3)物资定额。它指有关材料消耗或占用方面的定额,如材料消耗定额、工具领用定额、物资储备定额等。

(4)资金定额。它指有关流动资金占用方面的定额,如储备资金定额、生产资金定额、产成品资金定额、货币资金定额等。

(5)费用定额。它指有关制造费用和期间费用耗费方面的定额,如制造费用定额、管理费用定额、销售费用定额和财务费用定额等。

(二)定额管理的要求

搞好定额管理,主要应做好以下四个方面的工作。

1. 落实责任,建立健全定额管理制度

各项定额的制定、执行、分析、考核和修订要做到制度化。企业要建立定额管理归口负责制度,做到企业的各项定额有人负责,职责分明。一般情况下,定额的制定、修改可采取归口管理部门牵头、相关部门配合的办法。例如,企业定额归口负责制度应明确规定:劳动定额由人力资源管理部门牵头负责,生产、技术、财务等部门配合;生产及设备定额由技术部门牵头负责,生产、设备、质量、财务等部门配合;物资定额由生产部门牵头负责,财务、采购、物管、技术等部门配合;费用定额由财务部门牵头负责,其他相关部门配合;资金定额由财务部门牵头负责,采购、物管、生产等部门配合等。

2. 切实可行,制定先进合理的各项定额

制定定额的基本要求是要做到"全、快、准"三个字。"全"是范围上的要求,即要求凡是需要制定定额的供、产、销各个环节,人、财、物各个方面都要制定定额。"快"是时间上的要求,即要求定额的制定要简便易行、迅速及时。例如,新产品投产时,技术工艺部门必须将新产品的消耗定额资料一并向生产、财务、物管等部门移交。"准"是质量上的要求,即要求定额水平要先进合理,制定的定额要在已经达到的实际水平的基础上有所提高,即在正常的生产技术条件下经过努力可以达到的水平。

3. 持之以恒,做到贯彻执行定额

定额制定后,企业必须认真贯彻执行。只有这样,才能发挥定额在企业管理中的重要作用。为此,企业必须实施一切必要的生产技术组织措施,为实施和完成定额提供必需的前提条件。同时,要加强各种定额执行情况的核算、检查、考核和分析工作,并将定额的执行结果与各个部门及每名员工的物质利益挂钩,以促进各项定额的贯彻执行。

4. 动态管理,及时修订各项定额

由于定额是一定条件下企业生产技术和管理水平的客观反映,因此,为了保持定额的科学性、先进性和合理性,企业必须随着生产发展、技术进步、管理水平的提高和劳动生产率的提高而及时修订定额,使之与现实情况相适应。通常情况下,企业可结合年度预算编制或清仓盘点等工作对各项定额进行全面审查,每年修订一次定额,个别波动大的定额应不定期地及时修订,从而为全面预算的编制提供科学、合理的依据。

四、完善预算价格资料

预算价格也称计划价格,是企业为了实施预算管理而制定的各种原材料、半成品、备品备件、燃料动力、劳务以及产成品的内部核算价格。全面预算管理作为一项综合性的管理活动,预算的编制、执行、控制、核算、分析和考核等环节都离不开预算价格。因此,健全与完善预算价格体系,编制《预算价格手册》是编制年度预算必不可少的基础工作。

(一) 预算价格的种类

预算价格主要有以下三类:

(1) 有关原材料、燃料、包装物、备品备件、动力和低值易耗品的预算价格;

(2) 有关分厂、车间、部门之间相互提供劳务和半成品的预算价格;

(3) 有关产品销售的预算价格。

(二) 预算价格的制定依据

(1) 外购材料、燃料及动力预算价格按照现行实际采购价格和预算年度价格变动趋势预测,加上必要的采购、运输、保管费用制定;

(2) 自制半成品预算价格按照测算后的预算成本或定额成本制定;

(3) 内部劳务预算价格按照测算后的预算成本或定额成本制定,对外提供劳务预算价格按照现行实际价格和预算年度价格变动趋势预测制定;

(4) 产品预算价格按照现行实际价格和预算年度价格变动趋势预测制定。

(三) 预算价格的核定规则

为便于制定和使用,预算价格的核定应遵照如下规则:

(1) 非零数字一般不超过两位数,第三位非零数字四舍五入;

(2) 预算价格与实际价格的差异率不超过±5%。

预算价格制定范例如表1-1所示。

表1-1　预算价格制定范例

物资名称	计量单位	实际价格(元)	预算价格(元)	差异率(%)
A材料	吨	5 885.00	5 900.00	-0.25
B材料	吨	563.60	560.00	0.64
C材料	千克	346.68	350.00	-0.95
D材料	千克	19.23	19.00	1.21
E材料	千克	3.16	3.20	-1.25
动力电	千瓦·时	0.8856	0.89	-0.49
F材料	个	0.0673	0.067	0.45
甲产品	台	5 690.70	5 700.00	-0.16

（续表）

物资名称	计量单位	实际价格（元）	预算价格（元）	差异率（%）
乙产品	件	385.35	390.00	−1.19
丙产品	套	1 848.98	1 800.00	2.72

（四）预算价格的修订

预算价格一经确定，必须严格执行，并保持相对稳定性。一般情况下，预算价格在一个预算年度中不宜变动，以便正确考核企业各部门的生产经营成果，保持政策的连续性。但是，当预算价格差异率超过±10%时，就应及时进行修订，以防止因价格差异率过大而造成预算及核算失真。

（五）预算价格管理的责任

预算价格的制定、修订工作由财务部门牵头负责，采购、物管、生产、技术、销售、人力资源等相关部门配合。

各部门在预算价格管理中的职责如下：

（1）财务部门：负责预算价格制定、执行和修订的组织、领导工作，并负责编制《公司预算价格手册》、发布《公司新增预算价格通知》和《公司预算价格调整通知》；

（2）采购部门：负责预测预算期内外购材料物资的市场价格，提供现行市场价格；

（3）生产、技术部门：协助财务部门测算公司有关劳务、半成品、产成品预算或定额成本；

（4）人力资源部门：协助财务部门测算公司有关劳务预算价格；

（5）销售部门：负责预测预算期内产品的市场价格，提供现行产品市场价格。

（六）预算价格手册的编制

《预算价格手册》的编制是一项复杂的系统工程，既涉及方方面面的价格内容，又需要理顺各个部门、各个环节、各个层次的相互关系。因此，企业必须将"全面、科学、系统、合理、适用"的方针贯彻到预算价格制定的全过程中，以财务部门为主，会同采购、物管、销售、生产、技术等部门共同研究编制，并特别注意以下两个问题：

（1）认真审查各项定额的正确可靠程度，防止因定额不实而造成预算价格不准确，影响全面预算编制的准确性；

（2）各部门、车间半成品、产成品的比价关系要相对合理，避免因比价不合理而造成部门之间的苦乐不均，影响各部门及员工的工作积极性。

《预算价格手册》的项目包括编号、名称、规格型号、计量单位、预算价格、修订价格等内容，其编号和分类要按照公司材料及产成品的统一编号执行，确保其一致性。

五、预算表格的设计

编制预算要涉及很多表格,建立科学、完整的预算表格体系,设计科学、适用的预算表格是编制预算不可忽视的重要问题。

(一)预算表格设计的原则

预算表格设计应遵循以下四项原则:

1. 全面性原则

根据全面预算管理的要求,企业的所有经营活动、投资活动和财务活动都要纳入预算管理的范围。因此,设计预算表格时,必须做到全面、完整,设计出能够供各个部门、各个环节使用的预算表格。

2. 系统性原则

有些预算内容比较复杂,预算表的基本格式并不能满足预算编制的需要。例如,利润预算表的内容包括销售收入、销售成本、税金、销售费用等若干个复杂项目,如果仅设计一张利润预算表则很难具体执行。这就需要按照系统性的原则,将复杂的预算内容设计成由主表、分表、计算表、基础表相互对应、补充说明的预算表格体系。

3. 明晰性原则

预算表之间往往存在复杂的上下层关系和数字联系,为了便于预算编制人员正确填制,在设计预算表时,应在备注中注明项目与项目、栏次与栏次、表格与表格之间的勾稽关系和计算关系,使预算编制者、使用者能一目了然地看清有关项目和数字的来龙去脉,并正确理解预算项目所反映的性质和内容。

4. 统一性原则

企业各层级、各部门的预算表格应由预算管理部门统一设计,这样做的目的不仅是便于各层级预算的层层汇总,更重要的是通过统一预算表格规范各部门的预算编制行为,有效提高预算编制的质量和效率。

(二)预算表格体系

预算表格是一个有机联系的整体,表与表之间有着严格的勾稽关系,并呈金字塔状分布。人们在编制预算的过程中曾总结一句很形象的话,入木三分地说明了预算表格体系的相互关系,即"提起来是一串,放下去是一片"。意思是说,预算表是一个有机联系的整体,表与表之间都是连在一起的,就像渔网一样,既能撒得下去,又能收得回来。其中,以利润预算表展开的表格体系如图1-1所示。

第一章 全面预算编制准备

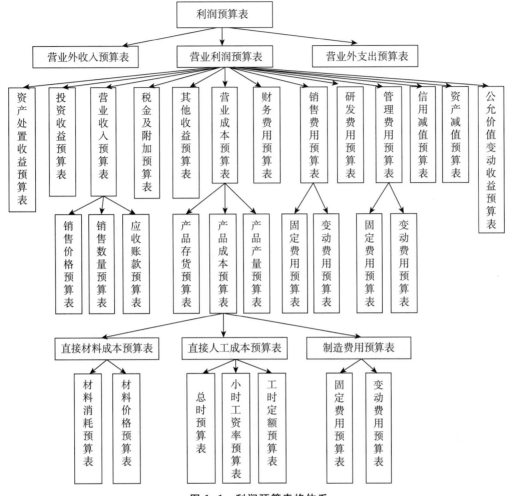

图1-1 利润预算表格体系

（三）预算表格的分类

预算表格可以按不同标准分为若干类。

1. 按预算表的功能不同,可以分为主表、分表、计算表和基础表四大类

（1）主表是企业整体或各个部门编制的最终预算报表,反映了一个企业或一个部门的预算项目和预算目标值。

（2）分表是对主表进行细化、明细或补充说明的表。当预算主表的项目、格式、栏次不能满足预算编制的需要时,就需要编制分表予以对应、细化、补充和说明；企业所属分、子公司及二级部门编制的预算表相对于企业总部预算表而言也属于分表。

（3）计算表是反映预算指标计算过程的表。编制预算需要运用计算公式进行大量的数字计算。例如,编制采购预算就需要按照"采购量＝生产消耗量＋期末库存量－期初库存量"和"采购金额＝采购量×预算价格"的基本公式进行计算。这些反映预算指标计算过程的表格往往需要作为附件放在主表、分表的后面,以方便有关部门、机构对预算编制过程进行审查和核实。

(4) 基础表是采集预算基本资料、数据和提供编制依据的表。编制预算需要很多基础性的数据和资料,例如,编制产品成本预算需要材料耗用量、材料单价、工时定额、费用定额等数据资料;编制销售预算需要营销环境、市场分析、销售政策等资料。提供这些预算基本数据的表就是基础表。

需要注意的是,主表、分表、计算表、基础表的概念是动态的、可变的。下级部门或下层的主表对于上级部门或上层而言,可能就是上级部门或上层编制主表的分表或基础表。

2. 按预算表反映的内容不同,可以分为经营预算表、投资预算表和财务预算表

(1) 经营预算表反映的是预算期内企业的日常生产经营活动。

(2) 投资预算表反映的是预算期内企业进行的资本性投资活动。

(3) 财务预算表反映的是预算期内企业有关的现金收支、经营成果和财务状况。

3. 按预算表所反映内容的角度不同,可以分为按项目编制的预算表、按部门编制的预算表和按产品编制的预算表等

(1) 按项目编制的预算表反映的是预算期内一些全局性、综合性的预算指标。

(2) 按部门编制的预算表反映的是一个部门在预算期内的预算指标。

(3) 按产品编制的预算表反映的是预算期内各种产品的预算指标。

另外,按预算表所反映的组织层次的不同,可以分为集团公司预算表、子公司预算表、分公司预算表、车间预算表和班组预算表等。

(四) 预算表格的设计

编制全面预算需要设计主表、分表、计算表和基础表的具体格式。不同的表格具有不同的设计要求:主表的设计要求简洁明了、一目了然;分表的设计要求具体详尽、细致入微;计算表的设计要求繁简适度、计算关系明确、计算过程清晰;基础表的设计要求因事制宜、灵活多样、适用性强。

1. 主表的格式设计

预算主表的格式尽管很多,但其基本内容主要有预算项目、预算总额及细化指标三项。

(1) 预算项目是指预算反映的对象,也就是预算科目。它可以是一项收入,也可以是一类收入,还可以是一项活动。例如,收入项目、支出项目、产品类别、产品名称、部门名称、业务项目、成本项目、费用项目、投资项目等都可以是预算反映的对象。

(2) 预算总额是指预算期内预算项目的量化总额,也就是预算指标总额。不管预算项目的具体内容是什么,预算表都要注明预算期内预算项目的量化总额,如销售收入总额、利润总额、工资总额、成本总额等。

(3)细化指标是指按时间细化分解的预算指标。例如,年度预算要细分成4个季度或12个月份;月度预算要细分成上、中、下旬或每周、每天。预算指标的细化分解程度,主要取决于企业对预算执行的考核频率和预算内容的实际需要。如果每半年考核一次预算指标的完成情况,则可以将预算时间细分成上半年、下半年;如果一个月考核一次,就必须按月细分。例如,为了做好现金收支的日常管理与控制,企业的现金收支预算就需要按旬、按周,甚至按天细分。

为了将预算期指标与基期指标进行对比,预算表可以增加"基期指标"栏和"增减率"栏。因为企业编制预算的具体时间是在预算期到来之前,所以在编制下一期预算时,当期的指标还没有确切的数额。因此,企业在设计预算表格时,往往需要在预算指标栏之前加上"基期预计"一栏,作为编制预算期指标的对比资料。

例如,天成公司年度管理费用预算主表的基本格式如表1-2所示。

表1-2 天成公司2021年管理费用预算表

编制单位:预算管理部　　　编制时间:2020年11月21日　　　金额单位:万元

序号	项目	2020年预计	2021年预算	增减率(%)	各季度预算指标			
					第1季度	第2季度	第3季度	第4季度
1	折旧费	100	120	20.0	25	30	30	35
2	薪酬	350	400	14.3	110	95	95	100
3	办公费	50	60	20.0	14	15	15	16
4	保险费	20	25	25.0	5	6	7	7
5	差旅费	60	70	16.7	16	18	18	18
6	培训费	80	100	25.0	20	30	25	25
7	绿化费	10	15	50.0	5	5	3	2
8	其他	30	40	33.3	10	10	10	10
9	合计	700	830	18.6	205	209	203	213

预算管理部:张桢　　分管领导:王蕾　　部门领导:李爽　　主管会计:赵妍　　编制人:刘欣

2.分表的格式设计

预算分表是预算主表的细化、明细或补充说明。因此,分表的格式与主表的格式要保持一致,基本内容主要有预算项目、预算总额及细化指标三项。

(1)分表的预算项目与主表的预算项目相互对应,是具有相同或相似性质的一类事物或事件。它一般表现为主表预算项目的子项目。例如,主表预算项目是产品类别,分表预算项目则是产品名称;主表预算项目是分公司、子公司,分表预算项目则是分厂、车间。当然,分表预算项目也可以和主表预算项目完全一致。

(2)分表的预算总额是指分表所反映预算对象的指标总额,在指标范围上一般小于主表的指标范围。但是,也不排除分表指标范围与主表指标范围分类完全一致的情况。

例如,销售收入预算主表是按产品品种进行编制,为了提供多维信息,分表可以按销售区域、结算方式、销售客户等不同形式进行编制。在这种情况下,分表与主表的预算总额是完全一致的,区别在于预算编制的角度不同。

(3)分表的细化指标与主表的细化指标相同,即按时间细化分解的预算指标。但是,分表细化的是分表上所反映的预算对象的预算指标。

例如,天成公司年度管理费用预算主表所属分表的格式如表1-3所示。

表1-3 2021年人力资源部管理费用预算表

编制单位:人力资源部　　　　　编制时间:2020年11月21日　　　　　金额单位:万元

序号	项目	2020年预计	2021年预算	增减率（%）	各季度预算指标			
					第1季度	第2季度	第3季度	第4季度
1	折旧费	8	9	12.5	2	2	2	3
2	薪酬	28	30	7.1	7	7	8	8
3	办公费	5	5	0.0	1	1	1	2
4	保险费	3	4	33.3	1	1	1	1
5	差旅费	5	6	20.0	2	1	1	2
6	培训费	20	30	50.0	7	7	8	8
7	绿化费	0	0	0	0	0	0	0
8	其他	5	5	0.0	2	1	1	1
9	合计	74	89	20.3	22	20	22	25

预算管理部:张桢　　分管领导:王蕾　　部门领导:章玲　　主管会计:吴双　　编制人:孙静

3. 计算表的格式设计

预算计算表涉及很多预算指标的计算过程,需要预算人员根据预算指标的性质和计算公式进行设计,基本内容主要有预算项目、基础数据、计算关系、指标数据四项。

(1)预算项目是指需要进行计算的主表、分表预算项目。

(2)基础数据是指用于计算预算指标的各种基础性数据。

(3)计算关系是指在表中注明预算指标计算公式或各种数据之间勾稽关系的项目。

(4)指标数据是指反映预算指标计算结果的项目。

例如,产品生产量预算计算表的格式如表1-4所示。

表1-4 天成公司2021年产品生产量预算表

编制单位:制造部　　　　　编制时间:2020年11月21日　　　　　单位:吨

产品名称	期初库存	本期销售	期末库存	本期生产
计算关系	①	②	③	④=②+③-①
A产品	3	220	2	219

单位:吨(续表)

产品名称	期初库存	本期销售	期末库存	本期生产
B产品	1	180	3	182
C产品	6	500	5	499

预算管理部:张桢　　分管领导:许辉　　部门领导:王剑　　主管会计:于明　　编制人:杨洋

4. 基础表的格式设计

预算基础表是为主表、分表和计算表提供基础数据和编制依据的,这些基础数据和编制依据有的是数字形式,有的是文字形式。因此,预算人员需要根据数据资料的内容和表现形式灵活设计基础表的格式。

例如,编制直接材料预算所需的材料消耗定额及预算价格基础表的格式如表1-5所示。

表1-5　天成公司2021年直接材料预算基础资料表

编制单位:制造部　　　　编制时间:2020年10月13日　　　　金额单位:元

序号	材料名称	计量单位	单位产品材料消耗定额			预算单价
			A产品	B产品	C产品	
1	甲材料	吨	0.2	0.1	0.2	5 000
2	乙材料	吨	0.6	1.2	0.7	2 000
3	丙材料	千克	1	2	3	100
4	丁材料	千克	3	5	1	500
5	戊材料	件	2	6		300

总之,预算表格的设计需要综合考虑企业性质、组织架构、经营活动、预算类型、预算管理要求等因素,判断预算表格设计达标的标准只有"好用"两个字。

六、预算编制的期间与时间

(一) 预算的编制期间

预算的编制期间主要根据预算的内容和实际需要而定,可以是一周、一月、一季、一年或若干年。通常将预算期在一年以内(含一年)的预算称为短期预算;预算期在一年以上的预算称为长期预算。短期预算具有预算资料较为可靠的优点,但如果期间过短,必然会加大预算工作量;而长期预算具有与企业战略规划接轨的优点,但有因预测结果不够可靠而使预算难以精准的不足。所以,在预算的编制过程中,企业需要考虑各项预算的特点,结合使用长期预算和短期预算。

一般情况下,编制预算多以一年为一个预算期,年内再按季度或月度细分,而且预算期间要与会计期间保持一致,只有特殊业务预算的期间才会视具体情况而有所不同。例如,跨年度建设的大型基本建设投资预算、工程建设单位编制的工程项目预算就需要以项目的建设期为预算期,编制跨年度预算或涉及若干年的长期预算。

（二）预算的编制时间

预算编制的时间因企制宜，主要取决于以下五个因素：

（1）企业规模大小和组织结构、产品结构的复杂程度。企业规模越大，组织结构、产品结构越复杂，开始编制预算的时间就应越早。

（2）企业对预算编制的熟练程度。企业对预算编制越生疏，开始编制预算的时间就越要早。

（3）企业编制预算的方法和工具。如果企业采用复杂的编制方法和落后的编制工具编制预算，开始编制预算的时间就必然要提前；反之，若企业采用简便的编制方法或先进的计算机信息处理系统编制预算，则开始编制预算的时间就可以稍晚。

（4）企业预算管理开展的深度和广度。毫无疑问，预算管理开展的范围越广，层次越多、越细，编制预算所花费的时间就会越长，开始编制预算的时间就越早；反之，则可以稍晚。

（5）预算审批程序的复杂度。预算审批程序环节多、要求细，所花费的时间就长，开始编制预算的时间就宜早；反之，则可以稍晚。

总之，编制预算的时间太早、太晚都不行。太早，影响预算的准确性；太晚，影响预算的时效性。因此，不论哪个企业，确定编制预算的时间均应倒计时，即新的预算期开始时，本期预算已经编制完成并已履行审批程序，可以付诸实施。

一般而言，独立法人企业的年度预算应在每年 10 月份开始编制，集团化企业的年度预算应在每年 9 月份开始编制；月度预算应在每月 20—25 日开始编制。

第二节 全面预算编制流程

一、预算编制流程概述

预算编制流程有"自上而下""自下而上"两种基本方式。

所谓"自上而下"，是指在编制预算时，首先，上级向下级下达预算目标；然后，下级对上级下达的预算目标进行分解、细化、落实，编制预算和完善意见反馈给上级；最后，上级研究、审核下级编制的预算和反馈意见，经过综合平衡后最终确定全面预算的编制流程。

所谓"自下而上"，是指在编制预算时，首先下级部门向上级部门提报预算期内的预算目标或预算，然后上级部门对下级部门提报的预算目标或预算进行综合平衡，最终确定预算方案的编制流程。

编制预算的期间不同,编制预算的流程也有所不同。一般而言,编制年度预算时,采取自上而下的流程;编制月度预算时,采取自下而上的流程。

实行上述编制流程的原因是年度预算承接的是企业发展战略,自上而下的编制流程有利于统一企业各层级的思想,避免部门预算偏离企业发展战略。当年度预算指标确定后,具体的月度预算指标就可以由各部门按照实际情况,采取自下而上的流程进行编制。

需要说明的是,不管是自上而下,还是自下而上,预算的编制都要经过一个上下沟通、反复协调、几上几下的过程,只有这样才能最终编制出一个正式的预算。

二、年度预算编制流程图

一般情况下,以战略为导向的年度预算编制流程图如图 1-2 所示。

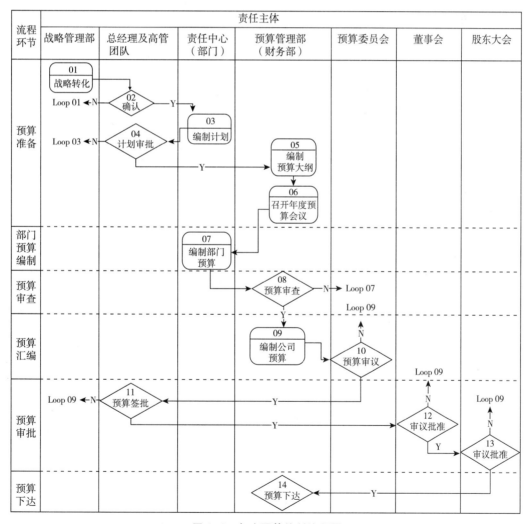

图 1-2 年度预算编制流程图

注:Loop 是循环、返回的意思,Loop 09 指返回至步骤 09。下同。

三、年度预算编制流程说明

年度预算编制流程说明如表1-6所示。

表1-6 年度预算编制流程说明

编号	活动名称	责任主体	活动要点	输出成果
01	战略转化	战略管理部	每年10月份,战略管理部牵头组织召开由公司高管团队、中层团队和外部顾问团队参加的公司战略转化会议。通过战略澄清、战略量化和指标分解拟定公司预算年度的经营目标、关键绩效指标和重点工作,并通过指标分解拟定各责任中心(分公司、子公司和各职能部门)预算年度的经营(工作)目标、关键绩效指标和重点工作	① 公司预算年度经营目标、关键绩效指标和重点工作 ② 各部门预算年度经营(工作)目标、关键绩效指标和重点工作
02	确认	总经理及高管团队	总经理及高管团队评审、完善并确认公司及各责任中心预算年度的经营目标、关键绩效指标和重点工作	同01活动
03	编制计划	责任中心	战略管理部牵头组织各责任中心编制预算年度公司投资计划、经营计划和各部门业务(工作)计划,并论证确认。通过上述计划的实施能够确保完成公司预算年度的经营目标、关键绩效指标和重点工作	① 预算年度公司投资计划、经营计划 ② 预算年度各部门业务(工作)计划
04	计划审批	总经理及高管团队	总经理及高管团队在11月初完成对预算年度内公司的投资计划、经营计划和各部门业务(工作)计划的审批工作	① 审批后的预算年度公司投资计划和经营计划 ② 审批后的预算年度各部门业务(工作)计划
05	编制预算大纲	预算管理部	预算管理部根据总经理批准的预算年度公司经营目标、关键绩效指标、重点工作、投资计划、经营计划和各部门的职能分工,编制公司《年度预算编制大纲》,并报经财务总监、总经理审核批准	年度预算编制大纲
06	召开年度预算会议	预算管理部	预算管理部在11月上旬主持召开年度预算会议,颁布、讲解《年度预算编制大纲》,将年度预算编制任务下达到公司各责任中心	下达年度预算编制大纲

（续表）

编号	活动名称	责任主体	活动要点	输出成果
07	编制部门预算	责任中心	各责任中心按照《年度预算编制大纲》的要求，围绕公司经营目标，以本部门预算年度的关键绩效指标、重点工作、业务（工作）计划和预算价格、定额、标准为基本依据，编制本部门预算年度预算；预算经公司分管领导审查同意后，在11月中旬报送预算管理部	部门预算年度预算
08	预算审查	预算管理部	预算管理部会同有关部门审查、评议各部门上报的预算，向各部门下达《预算调整意见书》；各部门根据调整意见，对预算进行修改和完善	审核通过的部门预算
09	编制公司预算	预算管理部	预算管理部对各部门完善后的预算再次进行审查，并进一步提出调整、完善意见。经过反复审查、修改、完善后，预算管理部汇总、编制形成整个公司年度预算，这项工作要在12月初完成	公司年度预算
10	预算审议	预算委员会	预算委员会召集预算审议会议，对公司及各部门的年度预算进行面对面的答辩和审议，根据审议结果出具《预算审议结论》；各部门按照审议结论对本部门的预算进行修改和完善，预算管理部再次审核、汇总、编制公司年度预算	预算委员会审议通过的公司预算
11	预算签批	总经理	总经理签批修改完善后的公司年度预算	公司年度预算
12	审议批准	董事会	董事会于12月下旬召开专门会议审议批准公司年度预算	公司年度预算
13	审议批准	股东大会	预算管理部将公司年度预算中的财务预算提交股东（大）会审议批准	公司年度财务预算
14	预算下达	预算管理部	预算管理部于1月上旬将批准后的公司年度预算以正式文件的方式下达给各部门执行	公司及部门年度预算

四、月度预算编制流程图

一般情况下，月度预算编制流程图如图1-3所示。

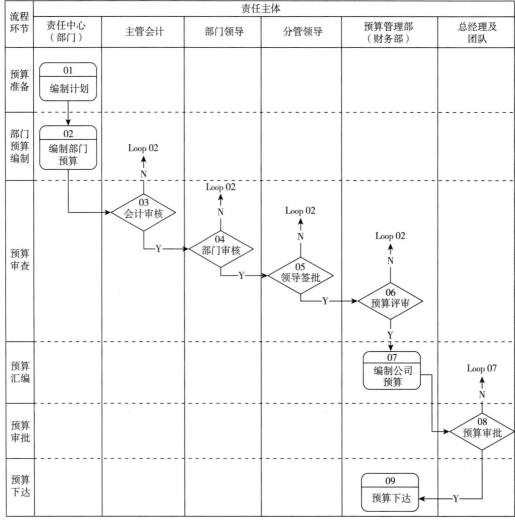

图 1-3　月度预算编制流程图

五、月度预算编制流程说明

月度预算编制流程说明如表 1-7 所示。

表 1-7　月度预算编制流程说明

编号	活动名称	责任主体	活动要点	输出文件
01	编制计划	责任中心	每月 20—23 日,各责任中心根据年度经营(工作)计划、市场预测和实际情况,编制本部门下一月份的业务(工作)计划,并报经公司总经理批准	部门业务(工作)计划

(续表)

编号	活动名称	责任主体	活动要点	输出文件
02	编制部门预算	责任中心	每月23—25日,各责任中心以本部门业务(工作)计划、预算价格、费用定额、标准等资料为基本依据,编制本部门月度预算	部门月度预算
03	会计审核	主管会计	各主管会计审核分管部门的月度预算	会计审核后的预算
04	部门审核	部门领导	部门领导审核本部门月度预算	部门领导审核后的预算
05	领导签批	分管领导	公司分管领导签批分管部门的月度预算	领导签批后的预算
06	预算评审	预算管理部	预算管理部会同有关部门审查、评议各部门上报的预算,向各部门下达《预算调整意见书》;各部门根据调整意见,对预算进行修改和完善	审核通过的部门预算
07	编制公司预算	预算管理部	预算管理部汇总各部门完善后的月度预算,形成整个公司的月度预算,这项工作要在月底前完成	公司月度预算
08	预算审批	总经理及高管团队	总经理及高管团队召开专门会议审议批准公司月度预算	公司月度预算
09	预算下达	预算管理部	预算管理部于月末将总经理批准的月度预算下达给各责任中心执行	公司月度预算

第三节 预算编制大纲与编制目录

一、预算编制大纲概述

预算编制大纲是指导年度预算编制的纲领性文件。在正式启动预算编制之前,企业首先要通过战略转化(包括战略澄清、战略量化、指标分解和行动计划四个环节)统一思想、达成共识,明确企业及各部门的年度经营目标、关键绩效指标和重点工作;企业各层级、各部门要围绕如何完成年度经营目标、关键绩效指标和重点工作制订年度行动计划(经营计划、业务计划、工作计划)。然后,预算管理部或财务部根据公司预算年度的经营目标、关键绩效指标、重点工作、投资计划、经营计划和各部门的职能分工,编制公司《年度预算编制大纲》,明确年度预算编制的指导思想、基本原则、编制依据、编制基础、编制要求、时间进度、主要经营目标及预算指标、预算表填写说明和有关指标解释等事项。

预算编制大纲经总会计师（财务总监）审核、总经理批准后，召开年度预算启动会议，将其下发至各个预算编制单位，用以指导和规范各预算部门的预算编制工作。

二、预算编制大纲的编制目的和要求

（一）编制目的

（1）贯彻落实公司战略规划，确保公司及各预算部门编制的预算不偏离公司预算年度的经营目标。

（2）将预算编制大纲作为公司及各预算部门编制预算的纲领和指南，确保公司及各预算部门编制出既符合公司战略规划，又切合公司及各预算部门实际情况的预算。

（3）阐述预算的编制方法与编制要求，确保预算编制工作的顺利进行。

（二）编制要求

（1）明确目标。预算编制大纲要体现企业的经营思想和战略目标，以企业的战略规划和年度经营目标为基本依据，充分考虑企业当前经营状况，以及预算期内宏观经济政策、公司内外部环境变化等影响企业生产经营活动的有利及不利因素，将公司预算总目标层层分解下去。

（2）设定前提。预算编制大纲要明确预算编制的相关政策、基本假设和重大前提条件。

（3）落实权责。预算编制大纲要明确分工、落实权责，确保各预算编制部门能够依据预算编制大纲按时、保质、保量地完成全面预算的编制工作。

（4）便于操作。预算编制大纲要做到语言通俗、简明扼要，内容完整、项目齐全，突出重点、切实可行，各环节的预算指标要相互衔接，整个大纲要具有很强的指导性和可操作性。

（5）简繁适度。预算编制大纲的篇幅长短、项目简繁、内容粗细要因企而异，简繁适度。预算编制大纲精细度高，有利于各预算编制部门按照公司的意图编制预算，但也会带来不利于各预算编制部门发挥主动性的弊端；预算编制大纲精细度低，有利于各预算部门发挥主动性，但也加大了各预算部门编制预算的难度。

三、预算编制大纲的结构与内容

预算编制大纲一般由总纲、预算编制组织领导、主要经营目标及预算指标、预算编制基础、预算编制方法与要求、预算的审批程序、预算编制的时间安排与要求、预算表的填写说明与要求、附件等部分组成。各部分的主要内容如下：

（一）总纲

总纲是对预算编制大纲基本原则的规定，是预算编制大纲的骨干和灵魂，起着统领全局的作用。总纲一般规定预算编制的目的，公司年度经营方针，预算编制的指导思想、编制依据、编制政策和基本原则等事项。

（二）预算编制的组织领导

这一部分主要阐明年度预算编制工作的组织领导机构、责任单位与责任人，目的是明确权责、落实责任、搞好分工，便于协调工作。

（三）主要经营目标及预算指标

这一部分一般应对公司当期（基期）的经营业绩进行简要回顾，并公布本预算年度公司及各预算部门的主要经营目标及预算指标。

（四）预算编制基础

这一部分主要说明公司年度预算编制所选用的会计政策，说明折旧率、资产减值等重大会计政策及会计估计发生的变更，公允价值变动对资产或负债的影响金额，年度预算编制所处时间、空间等内外部环境的基本假设等事项。

（五）预算编制方法与要求

这一部分主要对各预算部门编制预算时所采用的技术方法提出要求，并简要说明有关预算编制方法的具体应用办法和要求。

（六）预算的审批程序

这一部分主要对各预算部门编制预算的申报、审查及批准程序做出规定，明确有关部门的责任和权利。

（七）预算编制的时间安排与要求

这一部分主要对各预算部门编制预算的完成时间及其他有关预算编制的事项做出要求，要明确设定各预算表的最终完成时间。对于有前后衔接关系的预算表格要安排好时间上的衔接和交叉，避免上游表格制约、耽误下游表格的填制。

（八）预算表的填写说明与要求

这一部分主要对有关预算表的填写方法、填写要求做出规定和解释，列明有关计算公式，说明表与表之间的勾稽关系。这一部分一般附在表后，作为预算表的填写说明。

（九）附件

附件主要包括以下两部分内容：
（1）预算编制的有关政策、定额资料和预算价格资料等；
（2）各预算部门需要编制的预算表格样式。

四、预算编制大纲的宣传与业务培训

预算编制大纲编制完成并经过预算管理委员会审查批准后,公司应召开专门的预算会议向公司各单位负责人布置下一年度预算编制任务,并下达预算编制大纲。

为了预算编制工作的顺利进行,预算管理部应对各单位负责人和预算编制人员进行有关预算编制的业务培训,让各单位负责人和预算编制人员在接受业务培训和阅读理解预算编制大纲的基础上,按照责任分工,根据预算编制大纲和具体预算项目的特点、要求编制各项预算,并及时将编制完成的预算上报预算管理部。

五、预算编制目录

就制造业而言,年度预算编制目录如表1-8所示。

表1-8 年度预算编制目录

类别	编号	预算名称	定义	编制部门
销售预算	表2-4	销售发货预算	企业向客户交付产品品种和数量的预算	销售部
	表2-8	销售收入预算	企业销售产品或提供劳务获得收入的预算	财务部
	表2-12	货款回收预算	企业应收销售货款回收金额的预算	销售部
	表2-13	应收账款预算	企业应收账款发生额及期初、期末余额的预算	财务部
	表2-17	销售成本预算	企业结转产品销售成本或劳务成本的预算	财务部
	表2-22	销售费用预算	企业销售产品或提供劳务过程中所发生的各项费用的预算	销售部
	表2-26	销售利润预算	企业销售产品或提供劳务所获得利润的预算	财务部
	表2-30	销售资金支付预算	企业销售活动所需资金支付的预算	销售部
生产预算	表3-4	产品产量预算	企业生产产品品种、数量和时间安排的预算	生产部
	表3-7	物料消耗预算	企业生产产品或提供劳务耗用材料种类、数量和时间的预算	生产车间
	表3-10	生产职工薪酬预算	企业应付生产部门员工工资以及其他形式报酬或补偿的预算	生产车间
	表3-15	制造费用预算	企业为生产产品和提供劳务而发生的各项间接成本的预算	生产车间
	表3-19	产品成本预算	企业产品成本构成、料工费耗用、产品单位成本和总成本的预算	生产车间
	表3-24	生产资金支付预算	企业生产活动所需资金支付的预算	生产车间

（续表）

类别	编号	预算名称	定义	编制部门
职工薪酬预算	表4-7	职工薪酬计提预算	企业计提应付职工薪酬的预算	人力资源部
	表4-10	职工工资发放预算	企业支付给员工劳动报酬的预算	人力资源部
	表4-14	职工薪酬资金支付预算	企业职工薪酬所需资金支付的预算	人力资源部
	表4-15	应付职工薪酬变动预算	企业应付职工薪酬账户增减变动的预算	人力资源部
期间费用预算	表5-5	管理费用预算	企业为组织和管理生产经营活动所发生的各项费用的预算	管理部
	表5-11	研发支出预算	企业为开发新技术、新产品、新工艺所发生的研究开发费用的预算	研发部
	表5-19	财务费用预算	企业为筹集生产经营所需资金等而发生的各项费用的预算	财务部
	表5-23	费用资金支付预算	企业管理费用、研发费用和财务费用所需资金支付的预算	管理部
存货与采购预算	表6-4	产品存货预算	企业各种库存产品出库、入库，以及期初、期末结存的预算	仓储部
	表6-7	材料存货预算	企业各种材料物资出库、入库，以及期初、期末结存的预算	仓储部
	表6-11	直接材料采购预算	企业采购直接用于产品生产并构成产品实体的主要材料、外购半成品以及有助于产品形成的辅助材料、包装材料的预算	采购部
	表6-12	其他物料采购预算	企业采购备品备件、低值易耗品和其他物料的预算	采购部
	表6-16	采购付款预算	企业采购业务所需资金支付的预算	采购部
	表6-17	应付账款预算	企业应付账款发生额及期初、期末余额的预算	财务部
折旧摊销与税费预算	表7-4	固定资产折旧预算	企业计提固定资产折旧额的预算	财务部
	表7-8	无形资产摊销预算	企业计提无形资产摊销费的预算	财务部
	表7-12	应交税费预算	企业各种税费计提、缴纳及余额的预算	财务部
	表7-16	税费资金支付预算	企业应交税费所需资金支付的预算	财务部

（续表）

类别	编号	预算名称	定义	编制部门
投资预算	表8-3	工程项目总预算	企业工程项目投资总额的预算	工程部
	表8-4	工程物资领用预算	企业工程项目领用工程物资的预算	工程部
	表8-5	工程物资库存预算	企业工程物资出库、入库，以及期初、期末结存的预算	工程部
	表8-6	工程物资采购预算	企业采购工程项目用材料、设备、工具、器具的预算	采购部
	表8-7	工程物资采购付款预算	企业工程物资采购业务所需资金支付的预算	采购部
	表8-8	工程物资应付账款预算	企业工程物资应付账款发生额及期初、期末余额的预算	财务部
	表8-9	项目费用及资金支付预算	企业工程项目建设管理费、征地费、可行性研究费等费用发生及所需资金支付的预算	工程部
	表8-10	工程款支付预算	企业向施工单位支付工程项目款的预算	工程部
	表8-11	工程项目竣工预算	企业计划竣工的工程项目的预算	工程部
	表8-12	在建工程预算	企业在建工程项目增减发生额及期初、期末余额的预算	财务部
	表8-15	固定资产购置预算	企业购置固定资产的预算	采购部
	表8-16	固定资产应付账款与资金支付预算	企业固定资产购置业务应付账款发生额、资金支付及期初、期末余额的预算	财务部
	表8-17	固定资产处置与资金收入预算	企业出售、转让、报废固定资产及处置资金收入的预算	资产管理部
	表8-18	固定资产增减变动预算	企业固定资产增减变动及期初、期末余额的预算	财务部
	表8-21	无形资产购置预算	企业购置无形资产的预算	采购部
	表8-22	无形资产应付账款与资金支付预算	企业无形资产购置业务应付账款发生额及期初、期末余额与资金支付额的预算	财务部
	表8-23	无形资产处置与资金收入预算	企业出售、转让、报废无形资产及处置资金收入的预算	资产管理部
	表8-24	无形资产增减变动预算	企业无形资产增减变动及期初、期末余额的预算	财务部
	表8-27	长期股权投资预算	企业进行长期股权投资活动的预算	投资部
	表8-28	股权投资资金收付预算	企业向被投资单位股权投资付款和投资收回的预算	投资部
	表8-31	金融资产投资预算	企业进行金融资产投资活动的预算	投资部
	表8-36	投资收益预算	企业对外投资所得收入或所发生损失的预算	投资部

（续表）

类别	编号	预算名称	定义	编制部门
财务预算	表9-3	营业外收入预算	企业发生的与生产经营无直接关系的各项收入的预算	财务部
	表9-4	营业外支出预算	企业发生的与生产经营无直接关系的各项支出的预算	财务部
	表9-5	利润表预算	反映企业经营成果的预算	财务部
	表9-6	利润分配预算	企业对净利润以及以前年度未分配利润进行分配的预算	财务部
	表9-7	所有者权益预算	企业所有者权益变动情况的预算	财务部
	表9-12	资金运筹预算	企业对资金盈余或短缺情况进行运筹的预算	财务部
	表9-13	现金流量表预算	企业预算期内现金流入与现金流出情况及其结果的预算	财务部
	表9-14	资产负债表预算	企业预算期初、期末资产、负债及所有者权益变动情况的预算	财务部

第二章 销售预算编制

导言：销售预算是预算期内企业销售产品或提供劳务等销售活动的预算，主要包括销售发货预算、销售收入预算、货款回收预算、应收账款预算、销售成本预算、销售费用预算、销售利润预算和销售资金支付预算等。在市场经济及买方市场条件下，企业需要以销定产，按照市场需求组织生产活动。因此，首先编制销售预算是大多数企业不二的选择。

第一节 销售发货预算

一、定义

销售发货预算是预算期内企业向客户交付产品品种和数量的预算。主要内容包括客户名称、产品名称、规格型号、发货数量和发货时间等。

二、编制部门

销售发货预算由销售部负责编制，财务部予以协助。

三、编制依据

销售发货预算的编制依据如表2-1所示。

表2-1 销售发货预算的编制依据

序号	资料名称	资料说明	提供部门
1	产品发货计划	预算期内企业向客户交付产品品种及数量的计划	销售部
2	产能计划	预算期内企业各种产品的生产能力计划	生产部
3	合同及订单	已签订的预算期内企业向客户交付产品的合同或订单	销售部

四、编制流程

（一）编制流程图

销售发货预算编制流程图如图 2-1 所示。

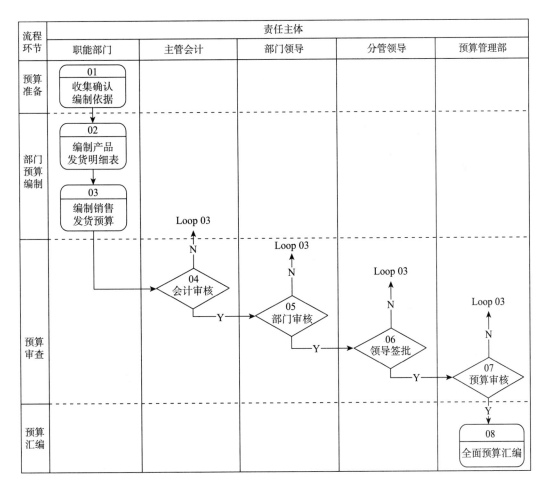

图 2-1　销售发货预算编制流程图

（二）编制流程说明

销售预算的编制流程说明如表 2-2 所示。

表 2-2　编制流程说明

编号	活动名称	责任主体	活动要点	输出成果
01	收集确认编制依据	销售部	（1）收集预算期企业产品发货计划、产能计划、销售合同及订单等资料 （2）确认预算编制依据收集齐全、内容准确无误	预算编制所需的全部编制依据

（续表）

编号	活动名称	责任主体	活动要点	输出成果
02	编制产品发货明细表	销售部	以产品、客户为对象,逐一测算、编排客户预算期内对企业各种产品的需求数量和需求时间。为了便于生产承接,年度预算要细化到季度或月度,月度预算要细化到每周或每天	产品发货明细表
03	编制销售发货预算	销售部	根据产品发货明细表,编制销售发货预算	销售发货预算
04	会计审核	主管会计	主要审核销售发货预算的编制依据是否充分,发货数量是否与销售合同、订单衔接一致,预算中的数据计算是否准确等内容	会计审核后的预算
05	部门审核	部门领导	部门领导审核销售发货预算,确认预算的准确性与可行性	部门领导审核后的预算
06	领导签批	分管领导	公司分管销售的领导签批销售发货预算	领导签批后的预算
07	预算审核	预算管理部	预算管理部会同有关部门审查、评议职能部门上报的预算,向各部门下达《预算调整意见书》；职能部门根据调整意见,对预算进行修改和完善	审核通过的部门预算
08	全面预算汇编	预算管理部	审核通过的预算纳入公司预算汇编流程	—

五、编制产品发货明细表

（一）产品发货明细表

产品发货明细表的格式如表 2-3 所示。

表 2-3　2021 年产品发货明细表

编制部门：　　　　　　　编制时间：　　年　　月　　日
产品编码：　　　产品名称：　　　规格型号：　　　计量单位：

| 客户编码 | 客户名称 | 贸易方式 | 发货数量 | | | | |
			1 季度	2 季度	3 季度	4 季度	全年合计
—	合计	—					

（二）填表说明

产品发货明细表是销售发货预算的基础表，按照一种产品填列一张表的原则编制。各项目释义及填写方法如下：

（1）编制部门：填写负责编制该预算的部门名称。

（2）产品编码：填写预算数据库中的产品编码。

（3）产品名称：填写符合国家标准的产品名称。

（4）规格型号：规格指表示产品性能的某些主要指标，如成分、含量、纯度、强度、尺寸、色泽等；型号指表示产品规格集合的"名称"或"代码"。

（5）计量单位：填写符合国家标准的长度单位、面积单位、体积单位、容积单位、质量单位、数量单位等，既可以用名称，也可以用符号，但必须保持一致。

（6）客户编码：填写预算数据库中的客户编码。

（7）客户名称：填写客户全称。

（8）贸易方式：填写内贸或外贸，外贸业务需具体说明贸易方式，如 FOB、CIF、DAP、DAF、DEQ 等。

（9）发货数量：根据客户需求和产品生产保障情况填列，发货总量要与《产品发货计划》保持一致。

（10）合计：横向和纵向的发货数量都需要填写合计数。

六、编制销售发货预算

（一）销售发货预算表

销售发货预算表的格式如表2-4所示。

表2-4　2021年销售发货预算表

编制部门：　　　　　　编制时间：　　年　月　日

产品编码	产品名称	规格型号	计量单位	发货数量				
				1季度	2季度	3季度	4季度	全年合计
合计	—	—	—					

预算管理部：　　　分管领导：　　　部门领导：　　　主管会计：　　　编制人：

（二）填表说明

销售发货预算在《产品发货明细表》的基础上编制而成，年度预算细化到季度或月度,月度预算可细化到每周。编制的基本规则是:以产品为对象填列,一个产品编码只能填写一行;如果分内贸、外贸业务,则可以按内贸、外贸业务分列两行。各项目释义及填写方法如下:

(1) 产品编码:填写预算数据库中的产品编码。

(2) 产品名称:填写符合国家标准的产品名称。

(3) 规格型号:规格指表示产品性能的某些主要指标,如成分、含量、纯度、强度、尺寸、色泽等;型号指表示产品规格集合的"名称"或"代码"。

(4) 计量单位:填写符合国家标准的长度单位、面积单位、体积单位、容积单位、质量单位、数量单位等,既可以用名称,也可以用符号,但必须保持一致。

(5) 发货数量:各产品的发货总量要与《产品发货明细表》保持一致。

(6) 合计:横向需要填写发货数量的合计数,纵向不同的产品不需要填写实物量度的合计数。

第二节 销售收入预算

一、定义

销售收入预算是预算期内企业销售产品或提供劳务获得收入的预算。主要内容包括产品名称、规格型号、计量单位、销售数量、销售单价和销售收入等。

二、编制部门

销售收入预算由财务部负责编制,销售部予以配合。

三、编制依据

销售收入预算的编制依据如表 2-5 所示。

表 2-5 销售收入预算的编制依据

序号	资料名称	资料说明	提供部门
1	销售收入计划	销售部围绕经营目标编制的预算期内符合企业会计准则销售收入确认条件的收入计划	销售部
2	销售发货预算	预算期内企业向客户交付产品品种和数量的预算(含产品发货明细表)	销售部

（续表）

序号	资料名称	资料说明	提供部门
3	上期发出商品	上期不满足销售收入确认条件，但已在上期发出的商品产品清单	销售部
4	本期发出商品	不满足销售收入确认条件，但在预算期内已经发货的商品产品清单	销售部
5	预算价格及税率	企业制定的预算期内产品预算价格和产品销售执行的增值税税率	财务部

四、编制流程

（一）编制流程图

销售收入预算编制流程图如图2-2所示。

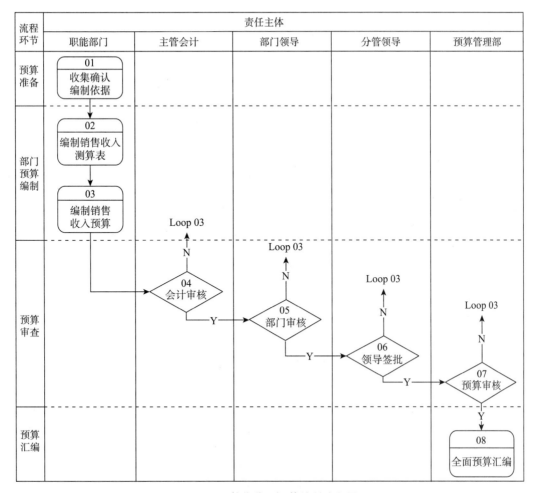

图2-2 销售收入预算编制流程图

（二）编制流程说明

编制销售收入预算的流程说明如表2-6所示。

表2-6 编制流程说明

编号	活动名称	责任主体	活动要点	输出成果
01	收集确认编制依据	销售部	（1）收集预算期销售收入计划、销售发货预算、预算价格及税率、发出商品清单等资料 （2）确认预算编制依据收集齐全、内容准确无误	预算编制所需的全部编制依据
02	编制销售收入测算表	销售部	以产品和客户为对象，测算预算期内可以确认收入的销售数量、销售单价和销售收入，销售收入测算表要与销售收入计划相衔接，如果出现较大偏差要查明原因	销售收入测算表
03	编制销售收入预算	销售部	销售收入预算是根据销售收入测算表编制的，是对销售收入测算表的归纳、提炼和汇总	销售收入预算
04	会计审核	主管会计	主要审核销售收入预算的编制依据是否充分，销售数量、销售单价和收入金额是否准确等内容	会计审核后的预算
05	部门审核	部门领导	部门领导审核销售收入预算，确认预算的准确性与可行性	部门领导审核后的预算
06	领导签批	分管领导	公司分管销售的领导签批销售收入预算	领导签批后的预算
07	预算审核	预算管理部	预算管理部会同有关部门审查、评议职能部门上报的预算，向各部门下达《预算调整意见书》；职能部门根据调整意见，对预算进行修改和完善	审核通过的部门预算
08	全面预算汇编	预算管理部	审核通过的预算纳入公司全面预算汇编流程	—

五、编制销售收入测算表

（一）销售收入测算表

销售收入测算表的格式如表2-7所示。

表2-7 2021年销售收入测算表

编制部门： 编制时间： 年 月 日
产品编码： 产品名称： 规格型号： 计量单位： 金额单位:元

客户编码	客户名称	销售单价	期初未确认收入		预算期发货		预算期确认收入		期末未确认收入	
			数量	金额	数量	金额	数量	金额	数量	金额

金额单位:元(续表)

客户编码	客户名称	销售单价	期初未确认收入		预算期发货		预算期确认收入		期末未确认收入	
			数量	金额	数量	金额	数量	金额	数量	金额
—	合计									

(二) 填表说明

销售收入测算表是销售收入预算的基础表,按照一种产品填列一张表的原则编制。如果有外贸业务,则应先编制外币销售收入测算表,再根据汇率折算成记账本位币,年度销售收入测算表要细化到季度或月度。各项目释义及填写方法如下:

(1)编制部门:填写负责编制该预算的部门名称。

(2)产品编码:填写预算数据库中的产品编码。

(3)产品名称:填写符合国家标准的产品名称。

(4)规格型号:规格指产品性能的某些主要指标,如成分、含量、纯度、强度、尺寸、色泽等;型号指产品规格集合的"名称"或"代码"。

(5)计量单位:填写符合国家标准的长度单位、面积单位、体积单位、容积单位、质量单位、数量单位等,既可以用名称,也可以用符号,但必须保持一致。

(6)客户编码:填写预算数据库中的客户编码。

(7)客户名称:填写客户全称。

(8)销售单价:填写经企业核准的预算期产品含税销售价格。凡是已经签订销售合同的,填写合同约定的价格;期初发出商品销售单价与本期销售单价不一致的,需计算加权平均单价。

(9)期初未确认收入:填写预算期期初产品已经发货但没有确认销售收入的产品数量和金额,其中,金额根据公式"金额=销售单价×数量"计算填列。

(10)预算期发货:填写预算期内产品发货数量和金额,根据销售发货预算(表2-4)填列,其中,金额根据公式"金额=销售单价×数量"计算填列。

(11)预算期确认收入:填写预算期确认实现销售收入的产品数量和金额,需要以客户为编排对象,逐一测算预算期内确认实现销售收入的销售数量和销售金额。

(12)期末未确认收入:根据公式"期末未确认收入=期初未确认收入+预算期发货-预算期确认收入"计算填列。

(13)合计:纵向的项目均需填写合计数,其中,销售单价按照"销售单价=含税收入÷数量"的计算公式计算。

六、编制销售收入预算

（一）销售收入预算表

销售收入预算表的格式如表 2-8 所示。

表 2-8 2021 年销售收入预算表

编制部门：　　　　　　编制时间：　　年　　月　　日　　　　　　金额单位：元

产品编码	产品名称	规格型号	计量单位	增值税税率	1 季度			2 季度			3 季度			4 季度			年合计			
					销售数量	销售单价	含税收入	销售数量	销售单价	含税收入	销售数量	销售单价	含税收入	销售数量	销售单价	含税收入	销售数量	销售单价	含税收入	收入净额
合计	—	—	—	—			—			—			—			—			—	

预算管理部：　　　　分管领导：　　　　部门领导：　　　　主管会计：　　　　编制人：

（二）填表说明

销售收入预算在销售收入测算表的基础上编制而成，年度预算细化到季度或月度，月度预算可细化到每周。编制的基本原则如下：以产品为对象填列，一个产品编码填写一行；如果有外贸业务则应先编制外贸销售收入预算，再根据汇率折算成记账本位币。此表格中同一产品按内贸、外贸业务分列两行填列，外贸业务填写折算成记账本位币的销售收入。各项目释义及填写方法如下：

（1）产品编码：填写预算数据库中的产品编码。

（2）产品名称：填写符合国家标准的产品名称。

（3）规格型号：规格指产品性能的某些主要指标，如成分、含量、纯度、强度、尺寸、色泽等；型号指产品规格集合的"名称"或"代码"。

（4）增值税税率：填写应税产品或劳务执行的增值税税率。

（5）计量单位：填写符合国家标准的长度单位、面积单位、体积单位、容积单位、质量单位、数量单位等，既可以用名称，也可以用符号，但必须保持一致。

（6）销售数量：根据销售收入测算表（表 2-7）中的对应项目填写。

（7）销售单价：根据公式"销售单价＝含税收入÷销售数量"计算填列。

（8）含税收入：根据销售收入测算表（表 2-7）中的对应项目填写。

（9）销售收入：即不含税销售收入，根据公式"销售收入=含税收入÷（1+增值税税率）"计算填列。

（10）合计：不同的产品不需要填写实物量度合计数，横向和纵向含税收入、销售收入需要填写合计金额，其中横向销售单价按照公式"销售单价=含税收入÷销售数量"计算填列。

第三节　货款回收与应收账款预算

一、定义

货款回收与应收账款预算是预算期内企业应收账款发生额、货款回收额及期初、期末余额的预算。该预算既可以分别编制货款回收预算和应收账款预算，也可以合编为货款回收与应收账款预算，主要内容包括客户名称、授信政策、应收账款期初余额、本期增加应收账款、本期回收货款、应收账款期末余额等。

二、编制部门

货款回收与应收账款预算由销售部和财务部合作编制，其中，货款回收预算由销售部负责编制，财务部协助；应收账款预算由财务部负责编制，销售部协助。

三、编制依据

货款回收与应收账款预算的编制依据如表2-9所示。

表2-9　编制依据

序号	资料名称	资料说明	提供部门
1	货款回收计划	销售部根据授信政策、货款回收率指标、应收账款周转天数指标、客户应收账款余额、付款能力、信用记录、产品供求关系等情况制定的预算期内货款回收计划	销售部
2	授信政策	企业制定的预算期内规范赊销业务、铺货业务，管理和控制销售风险的方针、措施和程序的总称，授信政策通常一年一定，由销售部和财务部共同制定	销售部
3	销售收入测算表	以客户和产品为对象填制的销售收入测算表	销售部

（续表）

序号	资料名称	资料说明	提供部门
4	销售收入预算	预算期内企业销售产品或提供劳务获得收入的预算（含销售收入测算表）	财务部
5	应收账款期初余额	销售部根据编制预算时每个客户应收账款实际余额，以及基期还将发生的应收账款增减额等情况编制的预算期应收账款期初余额表	销售部

四、编制流程

（一）编制流程图

货款回收与应收账款预算编制流程图如图2-3所示。

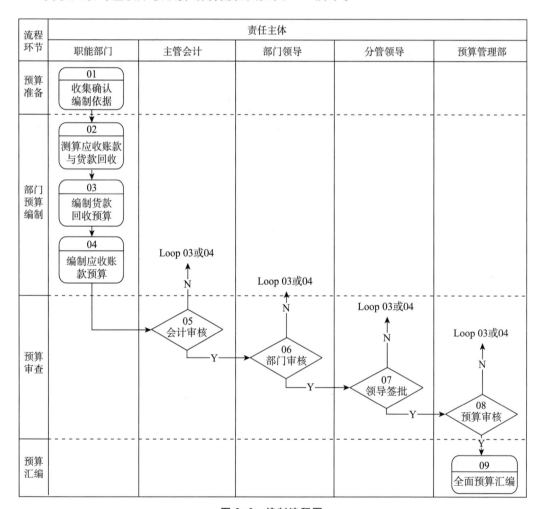

图 2-3 编制流程图

(二) 编制流程说明

货款回收与应收账款预算的编制流程说明如表 2-10 所示。

表 2-10 编制流程说明

编号	活动名称	责任主体	活动要点	输出成果
01	收集确认编制依据	销售部	(1) 收集货款回收计划、授信政策、销售收入测算表、销售收入预算、应收账款期初余额等资料 (2) 确认预算编制依据收集齐全、内容准确无误	预算编制所需的全部编制依据
02	测算应收账款与货款回收	销售部	以客户为对象,以货款回收计划、授信政策、销售收入测算表、应收账款期初余额为依据,逐一测算每个客户预算期内的应收账款与货款回收的时间、结算方式和金额	应收账款与货款回收测算表
03	编制货款回收预算	销售部	根据应收账款与货款回收测算表编制货款回收预算	货款回收预算
04	编制应收账款预算	销售部	根据销售收入预算和应收账款与货款回收测算表,以客户为对象,编制应收账款预算	应收账款预算
05	会计审核	主管会计	主要审核货款回收与应收账款预算的编制依据是否充分,货款回收与应收账款数额是否准确等内容	会计审核后的预算
06	部门审核	部门领导	审核、确认货款回收与应收账款预算	部门领导审核后的预算
07	领导签批	分管领导	公司分管销售的领导签批货款回收与应收账款预算	领导签批后的预算
08	预算审核	预算管理部	预算管理部会同有关部门审查、评议职能部门上报的预算,向各部门下达《预算调整意见书》;职能部门根据调整意见,对预算进行修改和完善	审核通过的部门预算
09	全面预算汇编	预算管理部	审核通过的预算纳入公司全面预算汇编流程	—

五、测算应收账款与货款回收

(一) 应收账款与货款回收测算表

应收账款与货款回收测算表的格式如表 2-11 所示。

表 2-11 2021 年应收账款与货款回收测算表

编制部门：　　　　　　　编制时间：　　年　　月　　日　　　　　　　　金额单位：元

产品编码	产品名称	客户编码	客户名称	授信政策	期初余额	本期增加	本期回款			期末余额
							回款金额	现款	承兑	
合计	—	—	—	—						

（二）填表说明

应收账款与货款回收测算表是编制货款回收预算和应收账款预算的基础表，根据授信政策、销售收入测算表、应收账款期初余额等资料编制，年度应收账款与货款回收测算表要细化到季度或月度。该测算表的编制比较复杂，需要分产品、按客户进行测算，销售主管会计协助销售部完成。对于无法具体到客户的应收款项可以按收款内容汇总填列。如果有外贸业务，则应先编制外币货款回收测算表，再根据汇率折算成记账本位币。此表格中外贸业务客户按折算成记账本位币的货款回收金额填写。各项目释义及填写方法如下：

（1）产品编码：填写预算数据库中的产品编码。

（2）产品名称：填写符合国家标准的产品名称。

（3）客户编码：填写预算数据库中的客户编码。

（4）客户名称：填写客户全称。

（5）授信政策：填写每个客户适用的授信政策，包括铺货金额、赊销额度、时间、结算方式等。

（6）期初余额：指应收账款期初余额，根据公司授信政策以及编制预算时每个客户的应收账款实际余额，以及基期还将发生的应收账款增加、减少数额等情况确定。

（7）本期增加：指预算期新增加的应收账款。为了全面反映预算期内应收账款数额，企业应将预算期的含税销售收入全部归入应收账款，以客户为对象，逐一计算每个客户预算期新增加的应收账款金额。其中，本期增加合计金额要与销售收入预算（表 2-8）中的含税收入合计金额保持一致。

（8）回款金额：指预算期内按销售政策可以回收的货款金额，根据授信政策、发货频率、发货数量和结算方式逐个客户、逐笔货款进行分析、测算。

（9）结算方式：指货款回收的结算方式，主要包括银行汇票、银行本票、商业汇票、汇兑、托收承付、汇款、信用证等结算方式。为了简化说明过程,本书设计为现款和承兑两种结算方式,其中承兑是指商业汇票,现款是指除商业汇票之外的其他结算方式,现款和承兑的合计金额等于"回款金额"。

(10) 期末余额:指应收账款期末余额,根据公式"期末余额＝期初余额＋本期增加－本期回款"计算填列。

(11) 合计:纵向对以金额为计量单位的项目进行合计,全年应收账款的期初余额为1月初应收账款余额,本期增加、本期回款、现款和承兑为四个季度发生额的合计。

六、编制货款回收预算

(一) 货款回收预算表

货款回收预算表的格式如表2-12所示。

表2-12 2021年货款回收预算表

编制部门:　　　　　编制时间:　　年　月　日　　　　　金额单位:元

客户编码	客户名称	1季度			2季度			3季度			4季度			全年合计		
		本期回款	结算方式		本期回款	结算方式		本期回款	结算方式		本期回款	结算方式		本期回款	结算方式	
			现款	承兑		承兑	共计		现款	承兑		现款	承兑		现款	承兑
合计	—															

预算管理部:　　　分管领导:　　　部门领导:　　　主管会计:　　　编制人:

(二) 填表说明

货款回收预算是预算期内企业应收销售货款回收金额的预算,在应收账款与货款回收测算表的基础上编制,按照一个客户填列一行的原则填列。年度预算要细化到季度或月度,月度预算要细化到每周。如果有外贸业务,则应先编制外币货款回收预算,再根据汇率折算成记账本位币,此表格中外贸业务客户的预算金额按折算成记账本位币的货款回收金额填写。各项目释义及填写方法如下:

(1) 客户编码:填写预算数据库中的客户编码。

(2) 客户名称:填写客户全称。

(3) 本期回款:指预算期内按销售政策可以回收的货款金额,根据应收账款与货款回收测算表(表2-11)分析、汇总填列。

(4)结算方式:指货款回收的结算方式,根据应收账款与货款回收测算表(表2-11)分析、汇总填列。其中,承兑是指商业汇票,现款是指除商业汇票之外的其他结算方式,现款和承兑的合计金额等于"本期回款"金额。

(5)合计:纵向金额项目均需合计,横向全年合计数由四个季度的对应项目合计得出。

七、编制应收账款预算

(一)应收账款预算表

应收账款预算表的格式如表2-13所示。

表2-13　2021年应收账款预算表

编制部门:　　　　　　编制时间:　　年　　月　　日　　　　　　金额单位:元

客户编码	客户名称	1季度			2季度			3季度			4季度			全年合计			
		期初余额	本期增加	本期回款	期末余额	本期增加	本期回款	期末余额	本期增加	本期回款	期末余额	本期增加	本期回款	期末余额	期初余额	本期增加	本期回款	期末余额
合计	—																	

预算管理部:　　　分管领导:　　　部门领导:　　　主管会计:　　　编制人:

(二)填表说明

应收账款预算是预算期内企业应收账款发生额及期初、期末余额的预算,在应收账款与货款回收测算表的基础上编制,按照一个客户填列一行的原则填列。年度预算要细化到季度或月度,月度预算可细化到每周。如果有外贸业务,则应先编制外币应收账款预算,再根据汇率折算成记账本位币,此表格中外贸业务客户的金额按折算成记账本位币的应收账款金额填写。各项目释义及填写方法如下:

(1)客户编码:填写预算数据库中的客户编码。

(2)客户名称:填写客户全称。

(3)期初余额:指应收账款期初余额,根据公司授信政策以及编制预算时每个客户的应收账款实际余额,以及基期还将发生的应收账款增加、减少数额等情况确定。

(4)本期增加:指预算期新增加的应收账款,为了全面反映预算期内应收账款数额,企业应将预算期的含税销售收入全部归入应收账款,以客户为对象,逐一计算每个客户预算期新增加的应收账款金额。其中,本期增加合计金额要与销售收入预算(表2-8)中的含税收入合计金额保持一致。

(5)本期回款:指预算期内按销售政策可以回收的货款金额,该项目与应收账款与货款回收测算表(表2-11)中的"回款金额"一致。

(6)期末余额:指预算期期末的应收账款余额,要按照"期末余额=期初余额+本期增加-本期回款"的计算公式,以客户为对象,逐一计算每个客户预算期末的应收账款余额。

(7)合计:纵向金额项目均需合计,横向全年合计的本期增加、本期回款由四个季度的对应项目合计得出,期初余额和期末余额分别是第1季度期初余额和第4季度期末余额。

第四节 销售成本预算

一、定义

销售成本预算是预算期内企业结转产品销售成本或劳务成本的预算。主要内容包括产品名称、销售数量、销售单位成本和销售总成本。

二、编制部门

销售成本预算由财务部负责编制,销售部和生产部予以协助。

三、编制依据

销售成本预算的编制依据如表2-14所示。

表2-14 编制依据

序号	资料名称	资料说明	提供部门
1	期初库存商品明细表	根据库存商品明细账编制的库存商品名称、结存数量和结存成本	财务部
2	期初发出商品明细表	根据发出商品明细账编制的发出商品名称、结存数量和结存成本	财务部
3	产品成本预算	预算期内企业产品成本构成、料工费耗用、产品单位成本和总成本的预算	财务部
4	销售收入预算	预算期内企业销售产品或提供劳务获得收入的预算	财务部

四、编制流程

(一)编制流程图

销售成本预算编制流程图如图2-4所示。

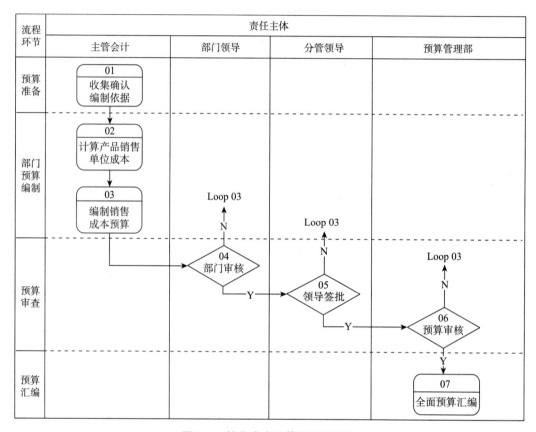

图 2-4 销售成本预算编制流程图

(二)编制流程说明

销售成本预算的编制流程说明如表2-15所示。

表 2-15 编制流程说明

编号	活动名称	责任主体	活动要点	输出成果
01	收集确认编制依据	主管会计	(1)收集期初库存商品明细表、期初发出商品明细表、预算期产品制造成本预算和销售收入预算 (2)确认预算编制依据收集齐全、内容准确无误	预算编制所需的全部编制依据
02	计算产品销售单位成本	主管会计	产品销售单位成本的计算方法有先进先出法、加权平均法及个别计价法等,一般可采用加权平均法计算已售产品的单位成本	产品销售单位成本计算表

(续表)

编号	活动名称	责任主体	活动要点	输出成果
03	编制销售成本预算	主管会计	在计算产品销售单位成本的基础上,按照"产品销售成本=加权平均单位成本×产品销售数量"的计算公式,计算出各种产品的销售成本	销售成本预算
04	部门审核	部门领导	审核、确认主管会计编制的销售成本预算	部门审核后的预算
05	领导签批	分管领导	公司分管财务的领导签批销售成本预算	领导签批后的预算
06	预算审核	预算管理部	预算管理部会同有关部门审查、评议职能部门上报的预算,向各部门下达《预算调整意见书》;职能部门根据调整意见,对预算进行修改和完善	审核通过的部门预算
07	全面预算汇编	预算管理部	审核通过的预算纳入公司全面预算汇编流程	—

五、计算产品销售单位成本

(一)产品销售单位成本计算表

产品销售单位成本计算表的格式如表 2-16 所示。

表 2-16　2021 年产品销售单位成本计算表

编制部门:　　　　　　编制时间:　　年　　月　　日　　　　　　金额单位:元

产品编码	产品名称	规格型号	计量单位	期初库存产品		预算期入库产品		产品销售单位成本
				数量	总成本	数量	总成本	

(二)填表说明

产品销售单位成本计算表依据期初库存商品明细表、期初发出商品明细表和预算期产品成本预算等资料测算。各项目释义及填写方法如下:

(1)产品编码:填写预算数据库中的产品编码。

(2)产品名称:填写符合国家标准的产品名称。

(3)规格型号:规格指产品性能的某些主要指标,如成分、含量、纯度、强度、尺寸、色泽等;型号指产品规格集合的"名称"或"代码"。

(4）计量单位：填写符合国家标准的长度单位、面积单位、体积单位、容积单位、质量单位、数量单位等，既可以用名称，也可以用符号，但必须保持一致。

(5）期初库存产品数量：指库存商品和发出商品明细账中的期初产品结存数量。

(6）期初库存产品总成本：指库存商品和发出商品明细账中的期初产品结存成本。

(7）预算期入库产品数量：指预算期产品成本预算中的完工产品数量。

(8）预算期入库产品总成本：指预算期产品成本预算中的完工产品总成本。

(9）产品销售单位成本：指采用先进先出法、加权平均法或个别计价法计算的已售产品的实际单位成本。

六、编制销售成本预算

（一）销售成本预算表

销售成本预算表的格式如表2-17所示。

表2-17　2021年销售成本预算表

编制部门：　　　　　　编制时间：　　年　月　日　　　　　　金额单位：元

产品编码	产品名称	规格型号	计量单位	1季度			2季度			3季度			4季度			全年合计		
				销售数量	单位成本	总成本	销售数量	单位成本	总成本	销售数量	单位成本	总成本	销售数量	单位成本	总成本	销售数量	单位成本	总成本
合计	—	—	—				—					—				—		

预算管理部：　　　　分管领导：　　　　部门领导：　　　　主管会计：　　　　编制人：

（二）填表说明

销售成本预算依据销售收入预算和产品销售单位成本计算表编制，年度预算需细化到季度或月度。各项目释义及填写方法如下：

(1）产品编码：填写预算数据库中的产品编码。

(2）产品名称：填写符合国家标准的产品名称。

(3）规格型号：规格指产品性能的某些主要指标，如成分、含量、纯度、强度、尺寸、色泽等；型号指产品规格集合的"名称"或"代码"。

(4）计量单位：填写符合国家标准的长度单位、面积单位、体积单位、容积单位、质量单位、数量单位等，既可以用名称，也可以用符号，但必须保持一致。

（5）销售数量：各产品的销售数量要与销售收入预算（表2-8）中的销售数量保持一致。

（6）单位成本：指产品销售单位成本，根据产品销售单位成本计算表（表2-16）中的产品销售单位成本填列。

（7）总成本：指产品销售总成本，根据公式"总成本＝单位成本×销售数量"计算填列。

（8）合计：不同的产品不需要填写实物量度合计数，纵向只合计总成本，横向合计销售数量和总成本，年度产品销售单位成本＝年度销售总成本÷年度销售数量。

第五节 销售费用预算

一、定义

销售费用预算是预算期内企业销售产品或提供劳务过程中所发生的各项费用的预算，主要内容包括费用名称、费用归属、费用金额等。

二、编制部门

销售费用预算由销售部负责编制，财务部予以协助。

三、编制依据

销售费用预算的编制依据如表2-18所示。

表2-18 编制依据

序号	资料名称	资料说明	提供部门
1	业务活动计划	销售部为完成预算期经营目标而制定的业务活动计划	销售部
2	销售收入预算	预算期内企业销售产品或提供劳务获得收入的预算	销售部
3	职工薪酬预算	预算期内企业应付销售部职工薪酬的预算	人力资源部
4	固定资产折旧预算	预算期内企业计提销售部固定资产折旧额的预算	财务部
5	运输及装卸合同	预算期内执行的商品运输与装卸合同或协议	采购部
6	低值易耗品耗用计划	预算期内销售部耗用管理用具、工具等低值易耗品的计划	销售部
7	办公用品耗用计划	预算期内销售部耗用办公用品的计划	销售部

（续表）

序号	资料名称	资料说明	提供部门
8	物料预算价格表	企业制定的预算期各类物料的内部核算价格表	财务部
9	费用定额与标准	企业核定的预算期内有关销售费用的定额与开支标准	财务部

四、编制流程

（一）编制流程图

销售费用预算编制流程图如图 2-5 所示。

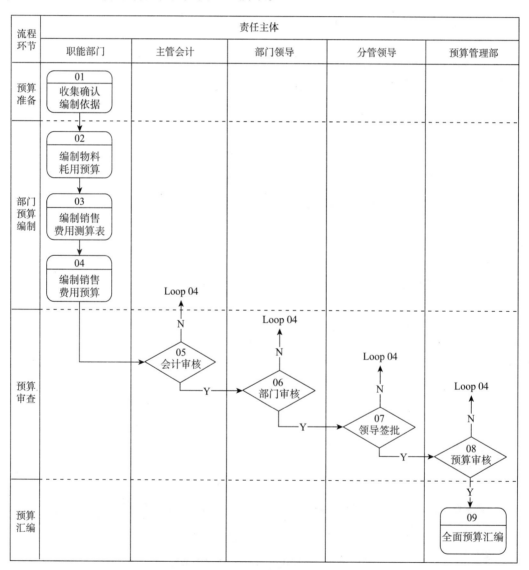

图 2-5 销售费用预算编制流程图

（二）编制流程说明

销售费用预算的编程流程说明如表 2-19 所示。

表 2-19 编制流程说明

编号	活动名称	责任主体	活动要点	输出成果
01	收集确认编制依据	销售部	（1）收集业务活动计划、销售收入预算、职工薪酬预算、固定资产折旧预算、运输及装卸合同、低值易耗品耗用计划、办公用品耗用计划、物料预算价格表、费用定额与标准等资料 （2）确认预算编制依据收集齐全、内容准确无误	预算编制所需的全部编制依据
02	编制物料耗用预算	销售部	根据低值易耗品耗用计划、办公用品耗用计划等资料编制物料耗用预算	物料耗用预算
03	编制销售费用测算表	销售部	根据业务活动计划、费用定额与标准等资料，采用零基预算法逐一分析各项销售费用发生的必要性、支出规模和费用承担主体，并以销售费用明细科目为单位编制各项销售费用测算表	销售费用测算表
04	编制销售费用预算	销售部	以销售费用测算表为基础，将各项销售费用划分为"固定费用项目"和"变动费用项目"两大类，汇总编制销售费用预算	销售费用预算
05	会计审核	主管会计	主要审核销售费用预算的编制依据是否充分，费用标准运用是否准确，数据计算、推演是否正确等内容	会计审核后的预算
06	部门审核	部门领导	审核、确认销售费用预算	部门领导审核后的预算
07	领导签批	分管领导	公司分管销售的领导签批销售费用预算	领导签批后的预算
08	预算审核	预算管理部	预算管理部会同有关部门审查、评议职能部门上报的预算，向各部门下达《预算调整意见书》；职能部门根据调整意见，对预算进行修改和完善	审核通过的部门预算
09	全面预算汇编	预算管理部	审核通过的预算纳入公司全面预算汇编流程	—

五、编制销售物料耗用预算

（一）销售物料耗用预算表

销售物料耗用预算表的格式如表 2-20 所示。

表 2-20　2021 年销售物料耗用预算表

编制部门：　　　　　　　编制时间：　　年　　月　　日　　　　　　金额单位：元

物料类别	物料编码	物料名称	规格型号	计量单位	预算单价	1季度		2季度		3季度		4季度		全年合计	
						领用量	金额	领用量	金额	领用量	金额	领用量	金额	领用量	金额
低值易耗品															
办公用品															
合计	—	—	—	—	—		—		—		—		—		—

预算管理部：　　　分管领导：　　　部门领导：　　　主管会计：　　　编制人：

（二）填表说明

销售物料耗用预算是预算期内销售部领用各种物料的预算，在低值易耗品耗用计划、办公用品耗用计划和物料预算价格表的基础上计算填列。年度预算需细化到季度或每月，月度预算可细化到每周。销售费用物料耗用预算既可以将全部物料设计成一张表，也可以将每类物料单独设计一张表。各项目释义及填写方法如下：

（1）低值易耗品：指预算期内销售部领用的单项价值在规定限额以下或使用期限不满一年、能多次使用且基本保持其实物形态的劳动资料，表中低值易耗品类物料的金额要进行小计。另外，表中填列的低值易耗品物料对应销售费用的低值易耗品摊销科目，因为办公用品对应销售费用的办公费科目，所以销售部门领用的办公用品类物品要单独填列。

（2）办公用品：指预算期内销售部日常办公所耗用的各类文件档案用品、桌面用品、财务用品等一系列与工作相关的用品，表中办公用品类物料的金额要进行小计。

（3）物料编码：填写预算数据库中的物料编码。

（4）物料名称：填写符合国家标准的物料名称。

（5）规格型号：规格指物料性能的某些主要指标，如成分、含量、纯度、强度、尺寸、色泽等；型号指物料规格集合的"名称"或"代码"。

（6）计量单位：填写符合国家标准的长度单位、面积单位、体积单位、容积单位、质量单位、数量单位等，既可以用名称，也可以用符号，但必须保持一致。

（7）预算单价：即物料预算价格，填写经企业核准的预算期内各种物料的内部核算价格。

(8) 领用量:填写预算期内耗用各类物料的数量。

(9) 金额:即物料金额,按照公式"金额=预算单价×领用量"计算填列。

(10) 合计:横向各季度领用量、金额需进行年度合计,纵向只合计金额项,其他项目不需要合计。

六、编制销售费用测算表

(一) 销售费用测算表

销售费用测算表的格式如表 2-21 所示。

表 2-21 2021 年销售费用测算表

编制部门:　　　　　　　编制时间:　　年　　月　　日
费用编码:　　　费用名称:　　　费用习性:　　　　　　　金额单位:元

序号	业务活动	活动概要	费用测算依据及方法	受益产品	费用金额				全年合计
					1季度	2季度	3季度	4季度	
	合计	—	—	—					

(二) 填表说明

销售费用测算表按销售费用明细科目进行设置,一个明细科目设置一张测算表。在各项销售费用中既有变动费用,也有固定费用,还有混合费用,不同习性的销售费用项目与业务量之间有着不同的依存关系。因此,销售费用测算首先要按费用习性将销售费用分为固定销售费用、变动销售费用和混合销售费用三种类型;然后,针对不同习性的销售费用采用不同的方法分析、计算、确定预算期内的各项销售费用数额。固定销售费用总额与业务量无直接因果关系,既可以在基期费用项目及金额的基础上根据预算期的发展变化加以适当修正进行预计,也可以运用零基预算的方法逐项测算;变动销售费用与业务量之间是一次函数关系(线性关系),可根据"$Y=bX$"(Y 为变动销售费用总额,b 为变动费用定额,X 为业务量)的公式计算;混合销售费用总额并不随着业务量的变动成同比例变动。因此,可利用公式"$Y=a+bX$"进行测算(Y 为混合销售费用总额;a 为混合销售费用中的固定费用总额;b 为混合销售费用中的单位变动费用定额;X 为业务量)。销售费用测算表各项目释义及填写方法如下:

(1) 费用编码:填写预算数据库中的销售费用明细项目编码。

(2) 费用名称:填写财务部规定的销售费用明细项目标准名称。

(3) 费用习性:填写"固定费用""变动费用"或"混合费用"。

(4) 业务活动:填写与《业务活动计划》相吻合的具体业务活动名称。

(5) 活动概要:填写开展业务活动所发生费用的基本内容。

(6) 费用测算依据及方法:填写费用发生金额的测算依据、计算公式及测算方法。

(7) 受益产品:填写承担费用的产品名称,不能具体到受益产品的费用均注明"共享"二字。

(8) 费用金额:按费用发生的预算期间填写费用金额。

(9) 合计:纵向对以金额为计量单位的项目进行合计,横向将四个季度发生的费用金额进行合计。

七、编制销售费用预算

(一) 销售费用预算表

销售费用预算表的格式如表2-22所示。

表2-22　2021年销售费用预算表

编制部门:　　　　　编制时间:　　年　月　日　　　　　金额单位:元

费用编码	费用名称	1季度			2季度			3季度			4季度			年度预算		
		A产品	B产品	...	合计	A产品	B产品	...	合计	A产品	B产品	...	合计	A产品	B产品	...	合计
	一、固定费用															
	管理人员薪酬															
	固定资产折旧															
	低值易耗品摊销															
	办公费															
	通信费															
	广告宣传费															
	固定费用小计															
	二、变动费用															
	销售人员薪酬															
	运输费															
	装卸费															

金额单位：元（续表）

费用编码	费用名称	1季度				2季度				3季度				4季度				年度预算			
		A产品	B产品	…	合计	A产品	B产品	…	合计	A产品	B产品	…	合计	A产品	B产品	…	合计	A产品	B产品	…	合计
	销售佣金																				
	保险费																				
	差旅费																				
	业务招待费																				
	市场推广费																				
	售后服务费																				
	其他																				
	变动费用小计																				
	合计																				

预算管理部：　　　分管领导：　　　部门领导：　　　主管会计：　　　编制人：

（二）填表说明

销售费用预算在销售费用测算表的基础上分析、汇总填列，为了简化项目类别将混合销售费用分为变动和固定两部分，分别列入变动销售费用项目和固定销售费用项目；对于销售费用测算表中归属到"共享"类的销售费用应按照确定分配标准（如直接费用、销售收入、销售成本等）将其分配到各具体产品中。各项目释义及填写方法如下：

（1）费用编码：填写预算数据库中的销售费用明细项目编码。

（2）费用名称：填写财务部规定的销售费用明细项目标准名称。

（3）固定费用：费用总额不随业务量变化而发生变化的费用。

（4）管理人员薪酬：填写销售部从事销售管理及业务支持、保障人员的薪酬。

（5）固定资产折旧：填写销售部使用或控制的固定资产应计提的折旧费用。

（6）办公场所费用：填写销售部发生的办公场所租赁费等。

（7）低值易耗品摊销：填写销售部在日常管理工作过程中消耗的不作为固定资产管理和核算的器具、仪器仪表、安全器材、IT用品、管理用具等单项价值在规定限额以下的物品。

（8）办公费：填写销售部耗用办公用品等日常办公费用支出。

（9）通信费：填写销售部的电话费、网络费、邮寄费等费用支出。

（10）广告宣传费：填写企业为推广、推销商品进行广告宣传活动而支付的费用。

（11）固定费用小计：对分类为固定费用的项目进行合计。

（12）变动费用：费用总额随业务量变化而变化的费用。

（13）销售人员薪酬：填写企业支付给销售部员工的各种形式的劳动报酬以及其他相关支出。

（14）运输费：填写企业因销售产品而发生的运杂费用。

（15）装卸费：填写产品装卸、发运过程中发生的货物装卸费用。

（16）销售佣金：填写销售部因销售产品而向个人或单位支付的佣金。

（17）保险费：填写企业销售产品、提供劳务的过程中发生的货物保险费和信用保险费。

（18）差旅费：填写销售部人员因公出差发生的交通费、住宿费、伙食补助等费用支出。

（19）业务招待费：填写企业销售活动中因合理需要而发生的应酬费用。

（20）市场推广费：填写企业为扩大产品市场份额，提高产品销量和知名度，采取的一系列推广措施所发生的费用。

（21）售后服务费：填写企业为履行销售合同规定的售后服务条款而发生的费用支出。

（22）其他：填写企业发生的不能归属于上述费用分类的其他销售费用支出。

（23）变动费用小计：对分类为变动费用的项目进行合计。

（24）产品名称：填写承担费用的产品名称。

（25）合计：纵向对以金额为计量单位的项目进行合计，横向将四个季度发生的费用金额进行合计。

第六节 销售利润预算

一、定义

销售利润预算是预算期内企业销售产品或提供劳务所获得利润的预算。主要内容包括产品名称、销售数量、销售单价、销售收入、税金及附加、销售成本、销售费用、销售利润、销售利润率等。

二、编制部门

销售利润预算由财务部负责编制，销售部予以协助。

三、编制依据

销售利润预算的编制依据如表 2-23 所示。

表 2-23 编制依据

序号	资料名称	资料说明	提供部门
1	销售收入预算	预算期内企业销售产品或提供劳务获得收入的预算	财务部
2	销售成本预算	预算期内企业结转产品销售成本或劳务成本的预算	财务部
3	应缴税费预算	预算期内企业依法交纳各种税费的预算	财务部
4	销售费用预算	预算期内企业销售产品或提供劳务过程中所发生的各项费用的预算	销售部

四、编制流程

（一）编制流程图

销售利润预算的编制流程图如图 2-6 所示。

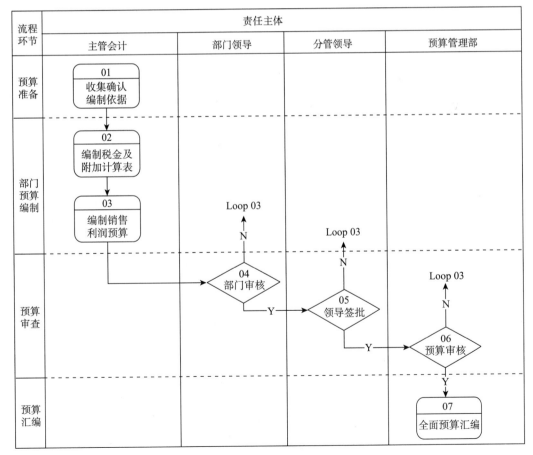

图 2-6 销售利润预算编制流程图

（二）编制流程说明

销售利润预算的编制流程说明如表2-24所示。

表2-24 编制流程说明

编号	活动名称	责任主体	活动要点	输出成果
01	收集确认编制依据	主管会计	（1）收集销售收入预算、销售成本预算、应缴税费预算、销售费用预算等资料 （2）确认预算编制依据收集齐全、内容准确无误	预算编制所需的全部编制依据
02	测算税金及附加	主管会计	测算通过税金及附加科目核算的应缴消费税、城市维护建设税、教育费附加、资源税、房产税、城镇土地使用税、车船税、印花税等，有关数据要与应缴税费预算相衔接	税金及附加测算表
03	编制销售利润预算	主管会计	以销售收入预算、销售成本预算、税金及附加测算表和销售费用预算为依据计算编制	销售利润预算
04	部门审核	部门领导	审核、确认销售利润预算	部门审核后的预算
05	领导签批	分管领导	公司分管财务的领导签批销售利润预算	领导签批后的预算
06	预算审核	预算管理部	预算管理部会同有关部门审查、评议职能部门上报的预算，向各部门下达《预算调整意见书》；职能部门根据调整意见，对预算进行修改和完善	审核通过的部门预算
07	全面预算汇编	预算管理部	审核通过的预算纳入公司全面预算汇编流程	—

五、编制税金及附加测算表

（一）税金及附加测算表

税金及附加测算表的格式如表2-25所示。

表2-25 2021年税金及附加测算表

编制部门：　　　　　编制时间：　　年　月　日　　　　　　金额单位：元

税费编码	税费名称	纳税对象	税费率	1季度		2季度		3季度		4季度		全年合计	
				计税依据	应交税费	计税依据	应交税费	计税依据	应交税费	计税依据	应交税费	计税依据	应交税费
	城市维护建设税												
	教育费附加												

金额单位:元(续表)

税费编码	税费名称	纳税对象	税费率	1季度		2季度		3季度		4季度		全年合计	
				计税依据	应交税费	计税依据	应交税费	计税依据	应交税费	计税依据	应交税费	计税依据	应交税费
	消费税												
	资源税												
	房产税												
	土地使用税												
	车船税												
	印花税												
	残疾人就业保障金												
	合计	—	—		—		—		—		—		—

(二)填表说明

税金及附加测算表用于测算在税金及附加科目核算的预算期内企业经营活动发生的消费税、城市维护建设税、教育费附加、资源税、房产税、城镇土地使用税、车船税、印花税等相关税费,年度预算要细化到季度或月度。各项目释义及填写方法如下:

(1)税费编码:填写预算数据库中的各种税费的编码。

(2)税费名称:填写国家税法规章规定的税费标准名称。

(3)纳税对象:填写征纳税双方权利义务共同指向的客体或标的物。

(4)税费率:填写征税的征收比例或征收额度,是计算税费额的尺度。

(5)计税依据:填写据以计算征税对象应纳税款的直接数量依据。

(6)应交税费:填写按照税法规定计提的应缴纳的各种税费,应交税费金额要与应缴税费预算中的对应项目保持一致。

(7)合计:横向和纵向的应交税费都需进行合计。

六、编制销售利润预算

(一)销售利润预算表

销售利润预算表的格式如表2-26所示。

表 2-26 2021 年销售利润预算表

编制部门：　　　　　　　编制时间：　　年　　月　　日　　　　　　　　金额单位:元

产品编码	产品名称	规格型号	计量单位	销售数量	销售收入		税金及附加		销售成本		销售费用			销售利润		
					销售单价	销售收入	单位税费	税费金额	单位成本	销售总成本	单位费用	销售费用	销售费用率	单位利润	销售利润	销售利润率
合计	—	—	—	—	—		—		—		—			—		

预算管理部：　　　　　分管领导：　　　　　部门领导：　　　　　主管会计：　　　　　编制人：

（二）填表说明

销售利润预算依据销售收入预算、销售成本预算、税金及附加测算表、销售费用预算等资料编制，年度预算需细化到季度或月度。各项目释义及填写方法如下：

（1）产品编码：填写预算数据库中的产品编码。

（2）产品名称：填写符合国家标准的产品名称。

（3）规格型号：规格指表示产品性能的某些主要指标，如成分、含量、纯度、强度、尺寸、色泽等；型号指表示产品规格集合的"名称"或"代码"。

（4）计量单位：填写符合国家标准的长度单位、面积单位、体积单位、容积单位、质量单位、数量单位等，既可以用名称，也可以用符号，但必须保持一致。

（5）销售数量：填写销售收入预算（表2-8）中的销售数量。

（6）销售单价：即产品预算价格，填写经企业核准的预算期产品的不含税销售价格。

（7）销售收入：根据公式"销售收入=销售单价×销售数量"计算填列，与销售收入预算中的不含税销售收入保持一致。

（8）单位税费：根据公式"某产品的单位税费=该产品的税费金额÷销售数量"计算填列。

（9）税费金额：填写预算期内各产品分摊的税金及附加，按照公式"某产品的税金及附加=该产品销售收入÷产品销售收入总额×税金及附加总额"计算填列。其中，"税金及附加总额"要与税金及附加测算表（表2-25）中的应交税费总额保持一致。

（10）单位成本：指采用先进先出法、加权平均法或个别计价法计算的已售产品的实际单位成本，与销售成本预算中的销售单位成本保持一致。

（11）销售总成本：根据公式"销售总成本=销售单位成本×销售数量"计算填列，要与销售成本预算中的销售总成本保持一致。

（12）单位费用：根据公式"某产品的单位费用=该产品的销售总费用÷销售数量"计算填列。

（13）销售费用：填写预算期内企业销售产品或提供劳务过程中所发生的各项费用，如果销售费用预算没有将销售费用细化到每种产品，则需要按照公式"某产品的销售费用=该产品销售收入÷产品销售收入总额×销售费用总额"计算填列。

（14）销售费用率：按照公式"销售费用率=销售费用÷销售收入×100%"计算填列。

（15）单位利润：根据公式"某产品的单位利润=该产品的销售利润÷销售数量"计算填列。

（16）销售利润：按照公式"销售利润=销售收入-税金及附加-销售总成本-销售费用"计算填列。

（17）销售利润率：按照公式"销售利润率=销售利润÷销售收入×100%"计算填列。

（18）合计：不同的产品不需要填写实物量度合计数，销售单价、单位成本、单位费用、单位利润均不需要合计，销售收入、销售总成本、销售费用和销售利润需要填写合计金额，销售费用率、销售利润率需要按照公式计算填列。

第七节　销售资金支付预算

一、定义

销售资金支付预算是预算期内企业销售活动所需支付资金的预算。这里所说的"资金"是指企业向收款方支付的现金、银行汇票、银行本票、商业汇票、汇兑、汇款、信用证等，主要内容包括支付科目、支付内容概要、责任主体、支付时间、结算方式与结算金额等。

二、编制部门

销售资金支付预算由销售部负责编制，财务部予以协助。

三、编制依据

销售资金支付预算的编制依据如表 2-27 所示。

表 2-27　编制依据

序号	资料名称	资料说明	提供部门
1	销售费用预算	预算期内企业销售产品或提供劳务过程中所发生的各项费用的预算	销售部
2	应付款清单	销售支出业务已在上期发生，需要在预算期支付资金的款项清单	销售部

（续表）

序号	资料名称	资料说明	提供部门
3	相关业务合同	预算期内有关销售费用发生及资金支付的合同或协议	销售部
4	资金结算方式	付款方与收款方对有关资金支付业务在具体结算方式上的约定	销售部

四、编制流程

（一）编制流程图

销售资金支付预算编制流程图如图2-7所示。

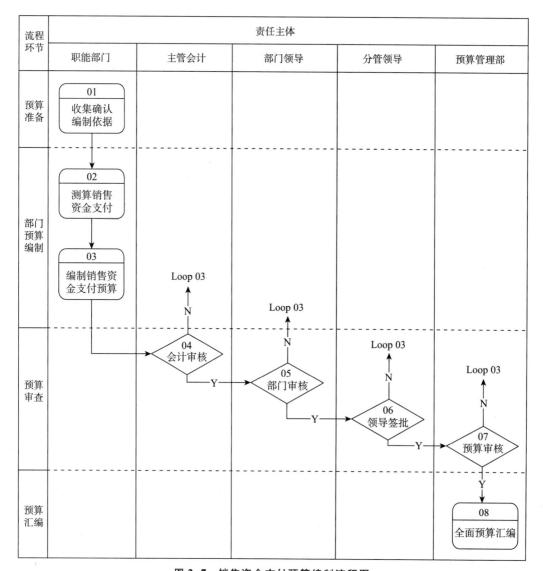

图2-7 销售资金支付预算编制流程图

(二) 编制流程说明

销售资金支付预算的编制流程说明如表 2-28 所示。

表 2-28 编制流程说明

编号	活动名称	责任主体	活动要点	输出成果
01	收集确认编制依据	销售部	(1) 收集销售费用预算、应付款清单、相关业务合同、资金结算方式等资料 (2) 确认预算编制依据收集齐全、内容准确无误	预算编制所需的全部编制依据
02	测算销售资金支付	销售部	根据销售费用预算、应付款清单、相关业务合同、资金结算方式等资料,逐项、逐笔登记销售业务的内容和结算方式,测算资金支付金额	销售资金支付测算表
03	编制销售资金支付预算	销售部	以销售资金支付测算表为依据计算编制	销售资金支付预算
04	会计审核	主管会计	主要审核销售资金支付预算的准确性和合理性	会计审核后的预算
05	部门审核	部门领导	部门领导审核销售资金支付预算,确认预算的准确性与可行性	部门领导审核后的预算
06	领导签批	分管领导	公司分管销售的领导签批销售资金支付预算	领导签批后的预算
07	预算审核	预算管理部	预算管理部会同有关部门审查、评议职能部门上报的预算,向各部门下达《预算调整意见书》;职能部门根据调整意见,对预算进行修改和完善	审核通过的部门预算
08	全面预算汇编	预算管理部	审核通过的预算纳入公司全面预算汇编流程	—

五、测算销售资金支付

(一) 销售资金支付测算表

销售资金支付测算表的格式如表 2-29 所示。

表 2-29　2021 年销售资金支付测算表

编制部门：　　　　　　编制时间：　　年　　月　　日　　　　　　　金额单位：元

科目编码	支付科目	支付内容	责任主体	1季度			2季度			3季度			4季度			全年合计		
				本期支付	结算方式		本期支付	结算方式		本期支付	结算方式		本期支付	结算方式		本期支付	结算方式	
					现款	承兑		现款	承兑		现款	承兑		现款	承兑		现款	承兑
合计	—	—	—															

（二）填表说明

销售资金支付测算表分部门编制，主要安排销售费用资金支出，按照每笔资金支付活动填写一行的规则填列。各项目释义及填写方法如下：

（1）科目编码：填写预算数据库中资金支付事项的科目编码。

（2）支付科目：填写资金支付事项的科目名称。

（3）支付内容：填写资金支付事项的基本内容。

（4）责任主体：填写承办此项资金支付事项的业务部门或经办人。

（5）本期支付：填写预算期内支付的资金数额。

（6）结算方式：资金支付的具体结算方式和金额，主要包括银行汇票、银行本票、商业汇票、汇兑、托收承付、汇款、信用证等结算方式。为了简化说明过程，本书设计为现款和承兑两种结算方式，其中承兑是指商业汇票，现款是指除商业汇票之外的其他结算方式，现款和承兑的合计金额等于"本期支付"金额。

（7）合计：纵向对以金额为计量单位的项目进行合计，横向对四个季度资金支付的金额进行合计。

六、编制销售资金支付预算

（一）销售资金支付预算表

销售资金支付预算表的格式如表 2-30 所示。

表 2-30　2021 年销售资金支付预算表

编制部门：　　　　　　编制时间：　　年　　月　　日　　　　　　金额单位:元

科目编码	支付科目	1 季度			2 季度			3 季度			4 季度			全年合计		
		本期支付	现款	承兑	本期支付	现款	承兑	本期支付	现款	承兑	本期支付	现款	承兑	本期支付	现款	承兑
合计	—															

预算管理部：　　　　分管领导：　　　　部门领导：　　　　主管会计：　　　　编制人：

（二）填表说明

销售资金支付预算表在销售资金支付测算表的基础上计算、汇总填列，填列原则是每个资金支付科目汇总填列一行。年度预算细化到季度或月度，月度预算可细化到每周。各项目释义及填写方法如下：

（1）科目编码:填写预算数据库中资金支付事项的科目编码。

（2）支付科目:填写资金支付事项的科目名称。

（3）本期支付:填写预算期内支付的资金数额，根据销售资金支付测算表（表 2-29）分析、汇总填列，支付总额与销售资金支付测算表中的本期支付总额一致。

（4）结算方式:资金支付的具体结算方式和金额，其中承兑是指商业汇票，现款是指除商业汇票之外的其他结算方式。根据销售资金支付测算表分析、汇总填列，现款和承兑的合计金额要等于"本期支付"金额。

（5）合计:纵向对以金额为计量单位的项目的金额进行合计，横向对四个季度资金支付的金额进行合计。

Chapter 3 第三章

生产预算编制

导言：生产预算是预算期内与企业生产产品或提供劳务等生产活动相关的预算，主要包括产品产量预算、物料消耗预算、生产职工薪酬预算、制造费用预算、产品成本预算和生产资金支付预算等。其中，物料消耗预算、生产职工薪酬预算、制造费用预算和产品成本预算的编制要结合企业采用的成本核算方法进行。按照以销定产的原则，生产预算一般在销售发货预算编制完成后进行编制。

第一节 产品产量预算

一、定义

产品产量预算是预算期内与企业生产产品品种、数量和时间安排相关的预算。主要内容包括产品名称、规格型号、计量单位、生产数量和生产时间等。

需要说明的是，这里所说"产品品种"既包括有形产品，也包括无形产品（含各种劳务）；既包括基本生产部门生产的产品，也包括辅助生产部门向基本生产部门和行政管理部门提供的产品及劳务，如机修、供电、供水、供气、运输、环保等。

二、编制部门

产品产量预算由生产部负责编制，各生产车间及财务部予以协助。

三、编制依据

产品产量预算的编制依据如表 3-1 所示。

表 3-1　编制依据

序号	资料名称	资料说明	提供部门
1	销售发货预算	预算期内企业向客户交付产品品种和数量的预算	销售部
2	产品生产能力	在正常生产条件下企业各种产品所能达到的最大年产量	生产部
3	期初产品库存量	预算期期初各种产品的预计库存数量	仓储部
4	产品库存定额	企业核定的各种产品的最高和最低(安全库存)库存定额	仓储部
5	公司生产计划	预算期内企业生产活动的计划安排。既包括基本生产计划,也包括辅助生产计划;既包括生产产出计划,也包括生产投入计划	生产部

四、编制流程

(一)编制流程图

产品产量预算编制流程图如图 3-1 所示。

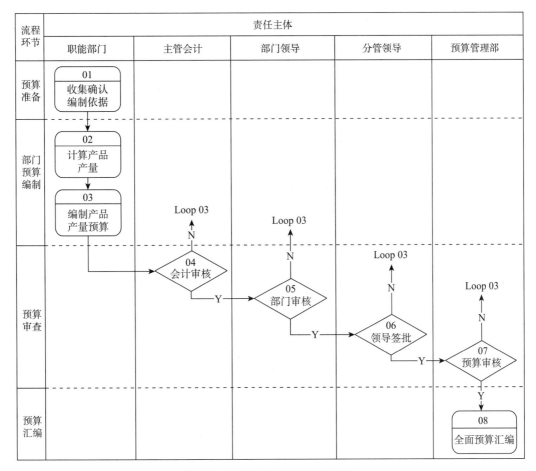

图 3-1　产品产量预算编制流程图

（二）编制流程说明

产品产量预算的编制流程说明如表 3-2 所示。

表 3-2 编制流程说明

编号	活动名称	责任主体	活动要点	输出成果
01	收集确认编制依据	生产部	（1）收集预算期销售发货预算、产品生产能力、期初产品库存量、产品库存定额和公司生产计划等资料 （2）确认预算编制依据收集齐全、内容准确无误	预算编制所需的全部编制依据
02	计算产品产量	生产部	按照"产品产量=发货数量+期末库存-期初库存"的基本公式，依据产品发货数量、生产能力、生产计划、期初产品库存量和产品库存定额等资料计算预算期各种产品产量	产品产量计算表
03	编制产品产量预算	生产部	根据产品产量计算表编制产品产量预算	产品产量预算
04	会计审核	主管会计	主要审核产品产量预算的编制依据是否充分，产品产量安排是否恰当，数据计算是否准确等内容	会计审核后的预算
05	部门审核	部门领导	审核产品产量预算，确认预算的准确性与可行性	部门领导审核后的预算
06	领导签批	分管领导	公司分管生产的领导签批生产部编制的产品产量预算	领导签批后的预算
07	预算审核	预算管理部	预算管理部会同有关部门审查、评议职能部门上报的预算，向各部门下达《预算调整意见书》；职能部门根据调整意见，对预算进行修改和完善	审核通过的部门预算
08	全面预算汇编	预算管理部	审核通过的预算纳入公司全面预算汇编流程	—

五、计算产品产量

（一）产品产量计算表

产品产量计算表的格式如表 3-3 所示。

表 3-3 2021 年产品产量计算表

编制部门：　　　　　编制时间：　　年　月　日

产品编码	产品名称	规格型号	计量单位	1 季度				2 季度			3 季度			4 季度			全年合计			
				期初库存	产品产量	发货数量	期末库存	产品产量	发货数量	期末库存	产品产量	发货数量	期末库存	产品产量	发货数量	期末库存	期初库存	产品产量	发货数量	期末库存

（续表）

产品编码	产品名称	规格型号	计量单位	1季度				2季度			3季度			4季度			全年合计			
				期初库存	产品产量	发货数量	期末库存	产品产量	发货数量	期末库存	产品产量	发货数量	期末库存	产品产量	发货数量	期末库存	期初库存	产品产量	发货数量	期末库存

（二）填表说明

产品产量计算表是编制产品产量预算的基础，需要根据销售发货预算、期初产品库存、产品生产能力等资料编制。其中，基本生产部门和辅助生产部门生产的产品或劳务要分类填列。各项目释义及填写方法如下：

（1）产品编码：填写预算数据库中的产品编码。

（2）产品名称：填写符合国家标准的产品名称。

（3）规格型号：规格指表示产品性能的某些主要指标，如成分、含量、纯度、强度、尺寸、色泽等；型号指表示产品规格集合的"名称"或"代码"。

（4）计量单位：填写符合国家标准的长度单位、面积单位、体积单位、容积单位、质量单位、数量单位等，既可以用名称，也可以用符号，但必须保持一致。

（5）期初库存：填列每种产品在预算期期初的预计库存数量，根据编制预算时的实际产品库存、产品库存定额、市场供求关系和生产安排等因素分析确定。

（6）产品产量：填列预算期每种产品的生产数量，要按照"产品产量＝发货数量＋期末库存－期初库存"的基本公式计算填列，年度产品产量的预算要细化到季度或月度，月度产品产量的预算要细化到每周或每天。

（7）发货数量：填列预算期产品发货数量，要与销售发货预算（表2-4）中的发货数量在时间和数量上保持一致。

（8）期末库存：填列每种产品在预算期期末的库存数量，需要根据产品库存定额、市场供求关系和生产安排等因素分析确定，其中产品库存定额一般为平均库存定额，即"（最高库存定额＋最低库存定额）÷2"。

（9）合计：纵向不需要填写实物量度的合计数，横向的期初库存和期末库存分别是第1季度的期初库存和第4季度的期末库存，产品产量和发货数量为四个季度的合计产量（数量）。

六、编制产品产量预算

(一) 产品产量预算表

产品产量预算表的格式如表 3-4 所示。

表 3-4　2021 年产品产量预算表

编制部门：　　　　　　　　编制时间：　　年　　月　　日

产品编码	产品名称	规格型号	计量单位	产品产量					生产部门
				1季度	2季度	3季度	4季度	合计	
	基本生产								
	辅助生产								

预算管理部：　　　分管领导：　　　部门领导：　　　主管会计：　　　编制人：

(二) 填表说明

产品产量预算表依据产品产量计算表填列，并将产品生产任务明确到各生产分厂或生产车间。各项目释义及填写方法如下：

(1) 产品编码：填写预算数据库中的产品编码。

(2) 产品名称：填写符合国家标准的产品名称。

(3) 规格型号：规格指表示产品性能的某些主要指标，如成分、含量、纯度、强度、尺寸、色泽等；型号指表示产品规格集合的"名称"或"代码"。

(4) 计量单位：填写符合国家标准的长度单位、面积单位、体积单位、容积单位、质量单位、数量单位等，既可以用名称，也可以用符号，但必须保持一致。

(5) 产品产量：填列预算期每种产品的生产数量，根据产品产量计算表(表 3-3)中的产品产量填列。

(6) 生产部门：填列负责产品生产的分厂或车间名称。

(7) 基本生产：直接进行产品生产或对外提供劳务的部门，该表要求将基本生产部门和辅助生产部门生产的产品或劳务进行分类填列。

（8）辅助生产：为基本生产部门、行政管理部门提供产品和劳务供应的部门。

（9）合计：纵向不需要填写实物量度的合计数，横向需要对四个季度的产品产量进行合计。

第二节 物料消耗预算

一、定义

物料消耗预算是预算期内企业生产产品或提供劳务耗用材料种类、数量和时间的预算。主要内容包括产品名称、产品产量、物料名称、计量单位、预算价格、消耗定额、消耗总量和物料金额等。

二、编制部门

物料消耗预算由生产车间负责编制，财务部予以协助。

三、编制依据

物料消耗预算的编制依据如表3-5所示。

表3-5 编制依据

序号	资料名称	资料说明	提供部门
1	产品产量预算	预算期内包括基本生产和辅助生产的产品及劳务数量预算	生产部
2	物料清单及消耗定额	由技术、生产、质管和财务等部门共同核定，公司批准的预算期内生产单位产品或完成单位劳务所必须消耗的所有物料清单和消耗定额，包括主要材料、辅助材料、包装材料、燃料与动力等物料清单和消耗定额	生产部
3	物料预算价格	企业核准的预算期内各种物料的内部核算价格	财务部

四、编制流程

（一）编制流程图

物料消耗预算编制流程图如图3-2所示。

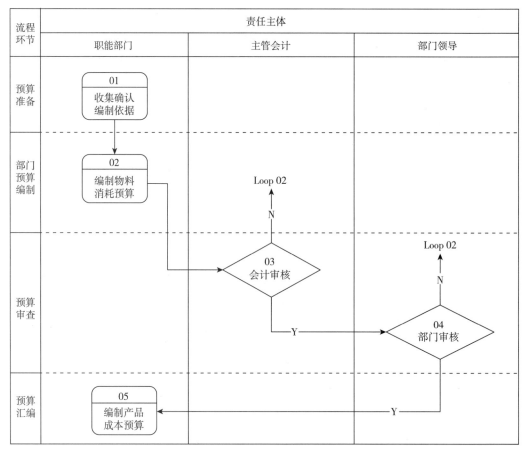

图 3-2 物料消耗预算编制流程图

(二) 编制流程说明

物料消耗预算的编制流程说明如表 3-6 所示。

表 3-6 编制流程说明

编号	活动名称	责任主体	活动要点	输出成果
01	收集确认编制依据	生产车间	(1) 收集预算期产品产量预算、物料清单、消耗定额和预算价格等资料 (2) 确认预算编制依据收集齐全、内容准确无误	预算编制所需的全部编制依据
02	编制物料消耗预算	生产车间	以产品产量预算、物料清单、消耗定额和预算价格等资料为依据,编制物料消耗预算	物料消耗预算
03	会计审核	主管会计	主要审核物料消耗预算的编制依据是否充分,消耗定额、价格是否符合规定,数据计算是否准确等内容	会计审核后的预算

(续表)

编号	活动名称	责任主体	活动要点	输出成果
04	部门审核	车间领导	审核本部门的物料消耗预算	部门审核后的预算
05	编制产品成本预算	生产车间	将物料消耗预算纳入辅助生产或基本生产部门的成本预算编制流程	—

五、编制物料消耗预算

（一）物料消耗预算表

物料消耗预算表的格式如表3-7所示。

表3-7 2021年物料消耗预算表

编制部门：　　　　　编制时间：　　年　月　日

产品编码：　　　产品名称：　　　规格型号：　　　计量单位：　　　金额单位：元

成本项目	物料编码	物料名称	规格型号	计量单位	预算单价	消耗定额	1季度		2季度		3季度		4季度		全年合计	
							产品产量		产品产量		产品产量		产品产量		产品产量	
							消耗总量	物料成本	消耗总量	物料成本	消耗总量	物料成本	消耗总量	物料成本	消耗总量	物料成本
直接材料																
包装材料																
燃料及动力																
合计	—														—	

预算管理部：　　　分管领导：　　　部门领导：　　　主管会计：　　　编制人：

（二）填表说明

物料消耗预算主要依据产品产量预算、物料清单、消耗定额和预算价格等资料编制，按照一种产品或劳务填制一张表的原则计算填列，年度预算要细化到季度或月度。各项目释义及填写方法如下：

A. 产品信息：

（1）产品编码：填写预算数据库中的产品编码。

（2）产品名称：填写符合国家标准的产品名称。

（3）规格型号：规格指表示产品性能的某些主要指标，如成分、含量、纯度、强度、尺寸、色泽等；型号指表示产品规格集合的"名称"或"代码"。

（4）计量单位：填写符合国家标准的长度单位、面积单位、体积单位、容积单位、质量单位、数量单位等，既可以用名称，也可以用符号，但必须保持一致。

（5）产品产量：填列各预算期的产品产量。

B. 物料信息：

（1）直接材料：直接用于产品生产并构成产品实体的原料、主要材料、外购半成品以及有助于产品形成的辅助材料等。如果企业不设置"燃料及动力"成本项目，则燃料及动力类物料计入直接材料，表中直接材料类物料的金额要进行小计。

（2）包装材料：生产环节领用的包装材料和包装物，该包装材料属于产品的组成部分，表中包装材料类物料的金额要进行小计。

（3）燃料及动力：直接用于产品生产所耗用的外购或自制的燃料及动力，包括固体燃料、液体燃料、气体燃料、电力、风力、蒸汽等，表中燃料及动力类物料的金额要进行小计。

（4）物料编码：填写预算数据库中的物料编码。

（5）物料名称：填写符合国家标准的物料名称。

（6）规格型号：规格指表示物料性能的某些主要指标，如成分、含量、纯度、强度、尺寸、色泽等；型号指表示物料规格集合的"名称"或"代码"。

（7）计量单位：填写符合国家标准的长度单位、面积单位、体积单位、容积单位、质量单位、数量单位等，既可以用名称，也可以用符号，但必须保持一致。

（8）预算单价：即物料预算价格，填写经企业核准的预算期内各种物料的内部核算价格。

（9）消耗定额：即单位产品或单位劳务耗用物料数量，填写企业核准的预算期内在企业现有生产技术条件下，制造单位产品或完成单位劳务所耗用某种物料的数量标准。

（10）消耗总量：按照公式"消耗总量＝消耗定额×产品产量"计算填列某种物料的耗用总量。

（11）物料成本：按照公式"物料成本＝预算单价×消耗总量"计算填列某种物料的耗用总成本。

（12）合计：横向的各季度"消耗总量""物料成本"需进行年度合计，纵向只合计"物料成本"项目，其他项目不需要合计。

第三节 生产职工薪酬预算

一、定义

生产职工薪酬预算也称生产职工薪酬计提预算,是指预算期内企业应付基本生产部门和辅助生产部门员工(包括直接生产工人和生产部门的管理、服务人员)工资以及其他形式报酬或补偿的预算。主要内容包括工资、奖金、津贴和补贴、"四险一金"和"三项经费"[①]等。

二、编制部门

生产职工薪酬预算由生产车间负责编制,人力资源部、财务部予以协助。

三、编制依据

生产职工薪酬预算的编制依据如表 3-8 所示。

表 3-8 编制依据

序号	资料名称	资料说明	提供部门
1	薪酬管理制度	企业制定的有关生产系统的薪酬管理制度,包括薪酬计算方法等	人力资源部
2	生产人员工资档案	各车间员工现行岗位职级和基本工资等档案	人力资源部
3	薪酬计划	企业预算年度生产系统的职工薪酬计划	人力资源部
4	人员增减计划	企业预算年度生产系统的员工增减计划	人力资源部
5	预算年度 KPI	预算年度各生产部门承担的关键绩效指标	人力资源部
6	绩效考核方案	预算年度企业对各生产部门进行绩效管理的具体方法	人力资源部
7	"四险一金"缴纳比率	预算年度企业以工资总额为基数计算的"四险一金"缴纳比率	人力资源部
8	"三项经费"计提标准	企业执行的工会经费、职工教育经费和职工福利费计提标准[②]	人力资源部
9	职工福利计划	预算期内有关职工福利(包括货币性福利和非货币性福利)的实施计划	人力资源部

---

① "四险"是指四项社会保险费,即养老保险、医疗保险、失业保险和工伤保险;"一金"是指住房公积金;"三项经费"是指工会经费、职工教育经费和职工福利费。

② 如果企业职工教育经费和职工福利费不采用计提方法核算,则需要编制两项费用使用计划。

(续表)

序号	资料名称	资料说明	提供部门
10	教育培训计划	预算期内有关职工岗位培训及后续教育的实施计划	人力资源部
11	其他薪酬计划	预算期内解除劳动关系补偿及其他薪酬支出计划	人力资源部
12	产品产量预算	预算期内包括基本生产和辅助生产的产品及劳务数量预算	生产部

四、编制流程

（一）编制流程图

生产职工薪酬预算编制流程图如图3-3所示。

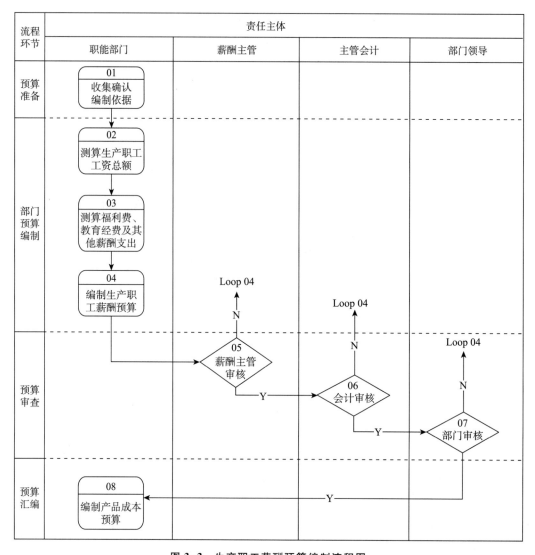

图3-3 生产职工薪酬预算编制流程图

（二）编制流程说明

生产职工薪酬预算的编制流程说明如表3-9所示。

表3-9 编制流程说明

编号	活动名称	责任主体	活动要点	输出成果
01	收集确认编制依据	生产车间	（1）收集薪酬管理制度、生产人员工资档案、薪酬计划、人员增减计划、预算年度关键绩效指标、绩效考核方案、"四险一金"缴纳比率、"三项经费"计提标准、职工福利及教育培训计划、其他薪酬计划和产品产量预算等资料 （2）确认预算编制依据收集齐全、内容准确无误	预算编制所需的全部编制依据
02	测算生产职工工资总额	生产车间	根据员工工资档案、工资构成、薪酬计算方法等基础资料，测算生产系统员工预算期工资总额，包括直接生产人员工资和车间管理人员、服务人员工资	生产职工工资总额测算表
03	测算福利费、教育经费及其他薪酬支出	生产车间	根据预算期职工福利计划、教育培训计划和其他薪酬计划等资料等，测算生产部门福利费、教育经费及其他薪酬支出	福利费、教育经费及其他薪酬测算表
04	编制生产职工薪酬预算	生产车间	根据生产职工工资总额测算表，福利费、教育经费及其他薪酬测算表，"四险一金"缴纳比例，以及工会经费计提标准等资料编制生产职工薪酬预算	生产职工薪酬预算
05	薪酬主管审核	薪酬主管	人力资源部薪酬主管审核生产职工薪酬预算，确保其符合企业薪酬管理制度和绩效考核方案	薪酬主管审核后的预算
06	会计审核	主管会计	主要审核生产职工薪酬预算的编制依据是否充分，各项目内容是否符合规定，数据计算是否准确等	会计审核后的预算
07	部门审核	车间领导	审核本部门的生产职工薪酬预算	部门审核后的预算
08	编制产品成本预算	生产车间	将生产职工薪酬预算纳入产品成本预算编制流程	—

五、测算生产职工工资总额

生产职工工资总额是指企业在预算期内直接支付给生产部门职工的劳动报酬总额，包括一线生产工人工资和生产管理及服务人员工资。测算生产职工工资总额的方法见第四章职工薪酬预算编制，为避免重复，本章不做赘述。

六、测算生产职工福利费、教育经费及其他薪酬

测算生产职工福利费、教育经费及其他薪酬的方法见第四章职工薪酬预算编制,为避免重复,本章不做赘述。

七、编制生产职工薪酬预算

（一）生产职工薪酬预算表

生产职工薪酬预算表的格式如表3-10所示。

表3-10　2021年生产职工薪酬预算表

编制部门：　　　　　编制时间：　　年　月　日　　　　　　　金额单位：元

序号	列支渠道	工资总额	计提四项保险		计提公积金		计提工会经费		福利费	教育经费	其他薪酬	薪酬总额
			比率	金额	比率	金额	比率	金额				
1.	生产成本											
1.1	A产品											
1.2	B产品											
…	…											
2.	制造费用											
—	合计											

预算管理部：　　　分管领导：　　　部门领导：　　　主管会计：　　　编制人：

（二）填表说明

生产职工薪酬预算表在生产职工工资总额测算表、"四险一金"缴纳比例、工会经费计提标准和生产职工福利费、教育经费及其他薪酬测算表等资料的基础上编制,年度预算要细化到季度或月度。各项目释义及填写方法如下：

（1）列支渠道：填写生产车间职工薪酬的列支渠道。其中,生产工人的薪酬在生产成本项目占列支,车间管理及服务人员的薪酬在制造费用项目下列支。

（2）工资总额：填写根据计时工资、计件工资、奖金、津贴和补贴、加班工资和其他工资合计得出的金额,相关数据可以直接从生产职工工资总额测算表中获得。

（3）计提四项保险：四项保险为养老保险、失业保险、医疗保险及工伤保险,是国家保障员工的一种法定制度。其中,养老保险、失业保险、医疗保险由企业和员工共同缴纳,工伤保险全部由企业缴纳。四项保险的缴纳比例全国各地不尽相同,按企业所在地劳动保障部门规定的缴纳比例填写计提比率。

（4）计提公积金：住房公积金属于国家非强制性要求，企业可以根据自身经营情况确定。缴存比例一般在8%至12%之间，企业与员工各负担一半。住房公积金计提金额的计算公式为"住房公积金计提金额＝上年度工资总额×计提比率"，编制预算可以按预算年度工资总额计算。

（5）计提工会经费：工会经费按照工资总额的2%计提。

（6）福利费：根据福利费、教育经费及其他薪酬测算表（表4-6）中的福利费在各列支渠道合理分配后填列。

（7）教育经费：根据福利费、教育经费及其他薪酬测算表（表4-6）中的教育经费在各列支渠道合理分配后填列。

（8）其他薪酬：根据福利费、教育经费及其他薪酬测算表（表4-6）中的其他薪酬在各列支渠道合理分配后填列。

（9）薪酬总额：按照公式"薪酬总额＝工资总额+四项保险+公积金+工会经费+福利费+教育经费+其他薪酬"计算填列。

（10）合计：纵向以金额为计量单位的项目都需要进行合计，比率项目可以计算得出。

第四节　制造费用预算

一、定义

制造费用预算是预算期内企业为生产产品和提供劳务而发生的各项间接成本的预算，主要内容包括费用名称、预算期间、费用金额等。

需要说明的是，这里所说的"制造费用预算"，既包括基本生产部门的制造费用预算，也包括辅助生产部门的制造费用预算。其中，如果辅助生产车间的规模很小，制造费用很少，那辅助生产车间也可以不编制辅助生产"制造费用预算"，直接编制"辅助生产预算"。

二、编制部门

制造费用预算由生产车间负责编制，财务部予以协助。

三、编制依据

制造费用预算的编制依据如表3-11所示。

表 3-11 编制依据

序号	资料名称	资料说明	提供部门
1	产品产量预算	预算期内包括基本生产和辅助生产的产品及劳务数量预算	生产部
2	车间生产计划	预算期内生产车间对生产活动的计划安排	生产车间
3	检修维修计划	预算期内生产车间设备大修、检修和维修的计划安排	生产车间
4	低值易耗品耗用计划	预算期内生产车间耗用管理用具、工具等低值易耗品的计划	生产车间
5	机物料耗用计划	预算期内生产车间维护机器设备正常运转的各种物料耗用计划	生产车间
6	备品备件耗用计划	预算期内生产车间设备检修和维修耗用备品备件的计划	生产车间
7	劳保用品耗用计划	预算期内生产车间耗用安全帽、工作服和各种防护用品的计划	生产车间
8	化验用品耗用计划	预算期内生产车间化验试验耗用物料的计划	生产车间
9	水电汽耗用计划	预算期内生产车间行政办公耗用水、电、蒸汽的计划	生产车间
10	办公用品耗用计划	预算期内生产车间耗用办公用品的计划	生产车间
11	环保材料耗用计划	预算期内生产车间三废处理所耗用物料的计划	生产车间
12	消防安全器材耗用计划	预算期内生产车间耗用消防器材、安全器材的计划	生产车间
13	物料预算价格表	企业制定的预算期各类物料的内部核算价格表	财务部
14	职工薪酬计划	企业预算年度生产系统的职工薪酬计划	人力资源部
15	固定资产折旧预算	预算期内企业计提固定资产折旧额的预算	财务部
16	费用定额与标准	预算期内企业核定的制造费用定额及开支标准	财务部

四、编制流程

（一）编制流程图

制造费用预算编制流程图如图 3-4 所示。

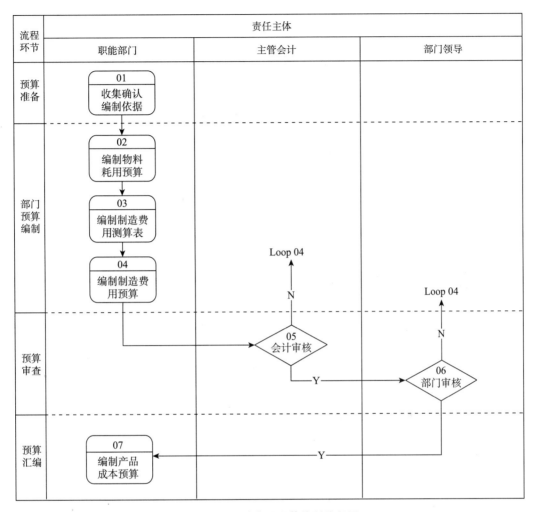

图 3-4 制造费用预算编制流程图

(二) 编制流程说明

制造费用的编制流程说明如表 3-12 所示。

表 3-12 编制流程说明

编号	活动名称	责任主体	活动要点	输出成果
01	收集确认编制依据	生产车间	(1) 收集产品产量预算、车间生产计划、检修维修计划、固定资产折旧预算、费用定额与标准等资料 (2) 确认预算编制依据收集齐全、内容准确无误	预算编制所需的全部编制依据
02	编制物料耗用预算	生产车间	根据低值易耗品耗用计划、机物料耗用计划、备品备件耗用计划、劳保用品耗用计划、化验用品耗用计划等资料编制各类物料耗用预算	物料耗用预算

(续表)

编号	活动名称	责任主体	活动要点	输出成果
03	编制制造费用测算表	生产车间	根据车间生产计划、产品产量预算、检修维修计划、物料耗用预算、费用定额标准等资料,以制造费用明细科目为单位编制预算期各项制造费用测算表	制造费用测算表
04	编制制造费用预算	生产车间	以制造费用测算表为基础,将各项制造费用划分为固定费用项目和变动费用项目两大类,汇总编制制造费用预算	制造费用预算
05	会计审核	主管会计	主要审核制造费用预算的编制依据是否充分,费用项目内容是否符合规定,数据计算是否准确等内容	会计审核后的预算
06	部门审核	车间领导	审核本部门的制造费用预算	部门审核后的预算
07	编制产品成本预算	生产车间	将制造费用预算纳入辅助生产或基本生产产品成本预算编制流程	—

五、编制制造费用物料耗用预算

(一) 制造费用物料耗用预算表

制造费用物料耗用预算表的格式如表 3-13 所示。

表 3-13　2021 年制造费用物料耗用预算表

编制部门：　　　　　　编制时间：　年　月　日　　　　　　金额单位:元

物料类别	物料编码	物料名称	规格型号	计量单位	预算单价	1 季度		2 季度		3 季度		4 季度		全年合计	
						领用量	金额	领用量	金额	领用量	金额	领用量	金额	领用量	金额
低值易耗品															
机物料															
备品备件															

金额单位:元(续表)

物料类别	物料编码	物料名称	规格型号	计量单位	预算单价	1季度		2季度		3季度		4季度		全年合计	
						领用量	金额	领用量	金额	领用量	金额	领用量	金额	领用量	金额
劳保用品															
化验用品															
水电汽															
办公用品															
环保材料															
消防安全器材															
合计	—	—	—	—	—		—		—		—		—		

预算管理部：　　　　分管领导：　　　　部门领导：　　　　主管会计：　　　　编制人：

（二）填表说明

制造费用物料耗用预算在低值易耗品耗用计划、机物料耗用计划、备品备件耗用计划、劳保用品耗用计划、化验用品耗用计划、水电汽耗用计划、办公用品耗用计划、环保材料耗用计划、消防安全器材耗用计划和物料预算价格表的基础上计算填列，年度预算要细化到季度或月度。制造费用物料耗用预算既可以将各类物料设计成一张表，也可以每类物料各设计一张表。各项目释义及填写方法如下：

（1）低值易耗品：预算期内生产车间领用的单项价值在规定限额以下或使用期限不满一年、能多次使用且基本保持其实物形态的劳动资料。表中低值易耗品类物料的金额要进行小计。另外，表中填列的低值易耗品物料对应的是制造费用的低值易耗品摊销科目，因为办公用品、劳保用品分别对应制造费用的办公费、劳动保护费科目，所以车间领用的办公用品、劳保用品类物品要单独填列。

（2）机物料：预算期内生产车间为维护机器设备正常运转所耗用的各种物料,主要包括用于机器设备的润滑油、机油、清洁用具用品、石棉线、保险丝等。表中机物料类物料的金额要进行小计。

（3）备品备件：预算期内生产车间为检修、维修机器设备所耗用的五金配件和其他修理用备件。表中备品备件类物料的金额要进行小计。

（4）劳保用品：预算期内生产车间领用的为保护员工人身安全与健康所必备的防御性装备,包括特种劳动防护用品和一般劳动防护用品。表中劳保用品类物料的金额要进行小计。

（5）化验用品：预算期内生产车间化验试验耗用的物料。表中化验用品类物料的金额要进行小计。

（6）水电汽：预算期内生产车间办公及公共设施耗用的水、电和蒸汽。表中水电汽类物料的金额要进行小计。

（7）办公用品：预算期内生产车间日常办公所耗用的各类文件档案用品、桌面用品、财务用品、计算机耗材等一系列与工作相关的用品。表中办公用品类物料的金额要进行小计。

（8）环保材料：预算期内生产车间进行三废处理耗用的物料。表中环保材料类物料的金额要进行小计。

（9）消防安全器材：预算期内生产车间耗用的消防器材和安全器材。表中消防安全器材类物料的金额要进行小计。

（10）物料编码：填写预算数据库中的物料编码。

（11）物料名称：填写符合国家标准的物料名称。

（12）规格型号：规格指表示物料性能的某些主要指标,如成分、含量、纯度、强度、尺寸、色泽等；型号指表示物料规格集合的"名称"或"代码"。

（13）计量单位：填写符合国家标准的长度单位、面积单位、体积单位、容积单位、质量单位、数量单位等,既可以用名称,也可以用符号,但必须保持一致。

（14）预算单价：物料预算价格,填写经企业核准的预算期内各种物料的内部核算价格。

（15）领用量：填写预算期内耗用各类物料的数量。

（16）金额：即物料金额,填写按照公式"金额＝预算单价×领用量"计算的某种物料的耗用总成本。

（17）合计：横向各季度"领用量""金额"需进行年度合计,纵向只合计"金额"项,其他项目不需要合计。

六、编制各项制造费用测算表

(一) 制造费用测算表

制造费用测算表的格式如表 3-14 所示。

表 3-14　2021 年制造费用测算表

编制部门：　　　　　编制时间：　年　月　日　　　　　　金额单位：元

序号	费用编码		费用名称		费用习性			全年合计
	生产活动	活动概要	测算依据及方法	费用金额				
				1 季度	2 季度	3 季度	4 季度	
合计		—	—					

(二) 填表说明

制造费用测算表按制造费用明细科目进行设置,一个明细科目设置一张测算表。在各项制造费用中既有变动费用,也有固定费用,还有混合费用,不同习性的制造费用项目与产品产量及工作业务量之间有着不同的依存关系。因此,制造费用测算首先要按成本习性将制造费用分为固定制造费用、变动制造费用和混合制造费用三部分;然后,针对不同习性的制造费用采用不同的方法分析、计算、确定预算期内的各项制造费用数额。固定制造费用总额与业务量无直接因果关系,既可以在基期费用项目及金额的基础上根据预算期的发展变化加以适当修正进行预计,也可以运用零基预算的方法逐项测算;变动制造费用与业务量之间是一次函数关系(线性关系),可根据"$Y=bX$"(Y 为变动制造费用总额,b 为变动费用定额,X 为业务量)的公式计算;混合制造费用总额不随业务量的变动而同比例变动。因此,可利用公式"$Y=a+bX$"进行测算(Y 为混合制造费用总额;a 为混合制造费用中的固定费用总额;b 为混合制造费用中的单位变动费用定额;X 为业务量)。

另外,对于低值易耗品摊销、机物料消耗、修理费、劳动保护费、化验检测费、水电汽费、办公费、环保处理费、消防安全费等涉及物料消耗的明细科目在测算预算金额时必须要与各类物料耗用预算相互衔接,两者的逻辑关系如下:涉及物料消耗的明细科目金额≥各类物料耗用预算金额。制造费用测算表各项目释义及填写方法如下:

(1) 费用编码:填写预算数据库中的制造费用明细项目编码。

(2) 费用名称:填写财务部规定的制造费用明细项目标准名称。

(3) 费用习性:填写"固定费用""变动费用"或"混合费用"。

(4)生产活动:填写与《车间生产计划》相吻合的具体生产活动名称。

(5)活动概要:填写开展生产活动所发生费用的基本内容。

(6)测算依据及方法:填写费用发生金额的测算依据、计算公式及测算方法。

(7)费用金额:填写费用发生的具体期间和金额。

(8)合计:纵向对以金额为计量单位的项目的金额进行合计,横向将四个季度发生的费用金额进行合计。

七、编制制造费用预算

(一)制造费用预算表

制造费用预算表的格式如表 3-15 所示。

表 3-15 2021 年制造费用预算表

编制部门:　　　　　　编制时间:　　年　　月　　日　　　　　　金额单位:元

费用编码	费用名称	1季度	2季度	3季度	4季度	全年合计
	一、固定费用					
	管理人员薪酬					
	固定资产折旧					
	财产保险费					
	低值易耗品摊销					
	固定费用小计					
	二、变动费用					
	机物料消耗					
	修理费					
	劳动保护费					
	化验检测费					
	水电汽费					
	办公费					
	差旅费					
	环保处理费					
	消防安全费					
	其他					
	变动费用小计					
	合计					

预算管理部:　　　　分管领导:　　　　部门领导:　　　　主管会计:　　　　编制人:

（二）填表说明

制造费用预算在制造费用测算表的基础上分析、汇总填列，为了简化项目类别，将混合性制造费用分为变动性和固定性两部分，分别列入变动性制造费用项目和固定性制造费用项目。各项目释义及填写方法如下：

（1）费用编码：填写预算数据库中的制造费用明细项目编码。

（2）费用名称：填写财务部规定的制造费用明细项目标准名称。

（3）固定费用：费用总额不随业务量变化而发生变化的费用。

（4）管理人员薪酬：填写企业支付给生产部管理人员及服务人员的各种形式的报酬以及其他相关支出，包括工资、奖金、津贴、补贴、职工福利费、四险一金、工会经费、职工教育经费、非货币性福利和辞退福利等，根据生产职工薪酬预算（表3-10）在制造费用中列支的项目填列。

（5）固定资产折旧：填写生产部使用或控制的固定资产应计提的折旧费用。

（6）财产保险费：填写生产部使用资产的保险费等费用。

（7）低值易耗品摊销：填写预算期内生产车间领用的单项价值在规定限额以下或使用期限不满一年、能多次使用且基本保持其实物形态的劳动资料的摊销金额。

（8）固定费用小计：对分类为固定费用的项目进行合计。

（9）变动费用：费用总额随业务量变化而变化的费用。

（10）机物料消耗：填写预算期内生产车间为维护机器设备正常运转所耗用的各种物料金额。

（11）修理费：填写生产部发生的为保持机器设备正常运转而发生的日常修理和维护费用。

（12）劳动保护费：填写因工作需要为员工配备或提供工作服、手套、安全保护用品、防暑降温用品等所发生的费用。

（13）化验检测费：填写生产部生产过程中发生的化验与检测费用。

（14）水电汽费：填写生产部管理及公共系统耗用的水、电及蒸汽费用。

（15）办公费：填写生产部日常办公所耗用的各类办公费用。

（16）差旅费：填写生产部员工因公出差发生的交通费、住宿费、伙食补助等各项费用支出。

（17）环保处理费：填写生产部处置废气、废水、废渣等发生的支出。

（18）消防安全费：填写生产部耗用的消防设施、消防器材，安全设施、安全器材等物品的费用支出。

(19) 其他：填写生产部发生的不能归属于上述费用分类中的其他制造费用支出。

(20) 变动费用小计：对分类为变动费用的项目的金额进行合计。

(21) 合计：纵向和横向项目的金额都需要合计。

第五节　产品成本预算

一、定义

产品成本预算是预算期内企业产品成本构成、料工费耗用、产品单位成本和总成本的预算。主要内容包括产品名称、完工产品数量、成本项目、耗用量、产品单位成本和产品总成本等。

二、编制部门

产品成本预算由生产车间负责编制，财务部予以协助。

三、编制依据

产品成本预算的编制依据如表 3-16 所示。

表 3-16　编制依据

序号	资料名称	资料说明	提供部门
1	产品产量预算	预算期内企业产品生产品种、数量和时间安排的预算	生产部
2	物料消耗预算	预算期内企业生产产品或提供劳务耗用材料种类、数量和时间的预算	生产车间
3	生产职工薪酬预算	预算期内企业应付基本生产部门和辅助生产部门员工工资以及其他形式报酬或补偿的预算	生产车间
4	制造费用预算	预算期内企业为生产产品和提供劳务而发生的各项间接成本的预算	生产车间
5	制造费用分配方法	在各种产品之间分配制造费用的方法	财务部

四、编制流程

（一）编制流程图

产品成本预算编制流程图如图 3-5 所示。

第三章 生产预算编制

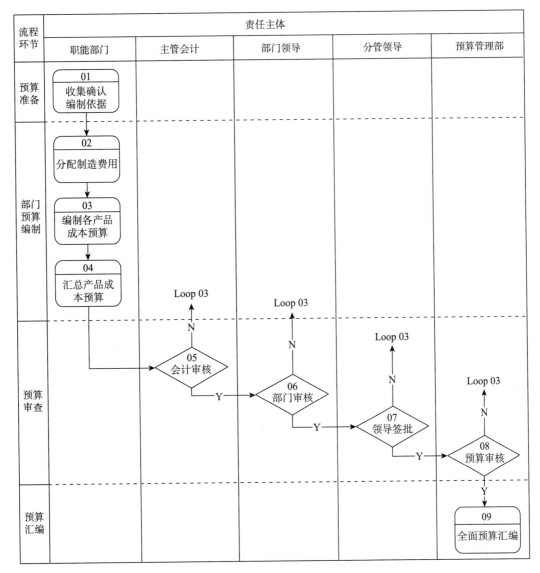

图 3-5 产品成本预算编制流程图

（二）编制流程说明

产品成本预算的编制流程说明如表 3-17 所示。

表 3-17 编制流程说明

编号	活动名称	责任主体	活动要点	输出成果
01	收集确认编制依据	生产车间	（1）收集产品产量预算、物料消耗预算、生产职工薪酬预算、制造费用预算和制造费用分配方法等资料 （2）确认预算编制依据收集齐全、内容准确无误	预算编制所需的全部编制依据

- 085 -

（续表）

编号	活动名称	责任主体	活动要点	输出成果
02	分配制造费用	生产车间	在同一生产车间制造多种产品的情况下，生产部要按照财务部制定的制造费用分配方法合理分配制造费用	制造费用分配表
03	编制各产品成本预算	生产车间	以产品产量预算、物料消耗预算、生产职工薪酬预算、制造费用预算和制造费用分配表为依据，编制各产品成本预算	产品成本预算
04	汇总产品成本预算	生产车间	编制车间所有产品成本预算汇总表	车间产品成本预算汇总表
05	会计审核	主管会计	主要审核产品成本预算的编制依据是否充分，成本项目内容是否符合规定，数据计算是否准确等内容	会计审核后的预算
06	部门审核	车间领导	审核车间产品成本预算，确认预算的准确性与可行性	部门领导审核后的预算
07	领导签批	分管领导	公司分管生产的领导签批产品成本预算	领导签批后的预算
08	预算审核	预算管理部	预算管理部会同有关部门审查、评议职能部门上报的预算，向各部门下达《预算调整意见书》；职能部门根据调整意见，对预算进行修改和完善	审核通过的部门预算
09	全面预算汇编	预算管理部	审核通过的预算纳入公司全面预算汇编流程	—

五、编制制造费用分配表

（一）制造费用分配表

制造费用通常以车间、分厂为会计对象进行预算和核算，对于只生产一种产品的车间，制造费用可以直接计入该种产品成本，不需要编制制造费用分配表；对于生产多种产品的车间，则需要编制制造费用分配表，选用适当的分配方法将制造费用分配到各种产品成本中去。制造费用的分配标准有很多，通常选用的分配标准有直接材料成本、标准产量、生产人工工时、生产人工成本、机器工时和年度计划分配率等。企业应根据制造费用的性质和产品生产特点，合理选择制造费用分配标准，并保持分配方法的稳定性。

制造费用分配表的格式如表3-18所示。

表 3-18　2021 年制造费用分配表

编制部门：　　　　　　　编制时间：　　年　　月　　日　　　　　　　金额单位:元

产品编码	产品名称	规格型号	1 季度			2 季度			3 季度			4 季度			年度合计		
			分配标准	分配率	分配金额	分配标准	分配率	分配金额	分配标准	分配率	分配金额	分配标准	分配率	分配金额	分配标准	分配率	分配金额
合计	—	—															

（二）填表说明

制造费用分配表的填写逻辑如下：先填写该车间每个季度的制造费用分配总额和分配标准，然后根据公式"分配率＝分配总额÷分配标准"计算出制造费用分配率，最后根据公式"分配金额＝分配标准×分配率"计算出各产品应分配的费用金额。其中，制造费用的分配标准因企业、产品不同而不同。各项目释义及填写方法如下：

（1）产品编码：填写预算数据库中的产品编码。

（2）产品名称：填写符合国家标准的产品名称。

（3）规格型号：规格指表示产品性能的某些主要指标，如成分、含量、纯度、强度、尺寸、色泽等；型号指表示产品规格集合的"名称"或"代码"。

（4）分配标准：填写企业选定的费用分配标准，如直接材料成本、标准产量、生产人工工时、生产人工成本、机器工时等。

（5）分配率：填写按照公式"分配率＝分配总额÷分配标准"计算的制造费用分配率。

（6）分配金额：填写按照公式"分配金额＝分配标准×分配率"计算的各季度、年度制造费用分配金额。

（7）合计：纵向的分配金额合计根据该车间的制造费用总额填写，纵向的分配标准根据各产品的分配标准合计填列；年度合计分配标准和分配金额根据四个季度汇总计算填列，年度合计分配率根据公式"分配率＝分配总额÷分配标准"计算填列。

六、编制产品成本预算

（一）产品成本预算表

产品成本预算表的格式如表 3-19 所示。

表 3-19　2021 年产品成本预算表

编制部门：　　　　　　　　编制时间：　　年　　月　　日
产品编码：　　　产品名称：　　　规格型号：　　　计量单位：　　　　　　金额单位：元

成本项目	计量单位	预算单价	1 季度 产品产量				2 季度 产品产量				3 季度 产品产量				4 季度 产品产量				年度 产品产量			
			总成本		单位成本		总成本		单位成本		总成本		单位成本		总成本		单位成本		总成本		单位成本	
			耗量	金额	耗量	金额	耗量	金额	耗量	金额	耗量	金额	耗量	金额	耗量	金额	耗量	金额	耗量	金额	耗量	金额
1. 直接材料																						
2. 包装材料																						
3. 燃料及动力																						
4. 直接人工																						
5. 制造费用																						
合计	—	—																				

预算管理部：　　　分管领导：　　　部门领导：　　　主管会计：　　　编制人：

（二）填表说明

产品成本预算在产品产量预算、物料消耗预算、生产职工薪酬预算、制造费用分配表的基础上，按照一种产品填制一表的原则计算填列，年度预算要细化到季度或月度。各项目释义及填写方法如下：

（1）产品编码：填写预算数据库中的产品编码。

（2）产品名称：填写符合国家标准的产品名称。

（3）规格型号：规格指表示产品性能的某些主要指标，如成分、含量、纯度、强度、尺寸、色泽等；型号指表示产品规格集合的"名称"或"代码"。

（4）计量单位：填写符合国家标准的长度单位、面积单位、体积单位、容积单位、质量单位、数量单位等，既可以用名称，也可以用符号，但必须保持一致。

(5) 产品产量：填列预算期内的产品产量，各预算期的产品产量要与产品产量预算中的产品产量保持一致。

(6) 总成本：指产品总成本，填写方法是将物料消耗预算、生产职工薪酬预算和制造费用分配表中的相关内容填列到对应的成本项目、耗量和金额项目中。

(7) 单位成本：指产品单位成本，根据"单位成本＝总成本÷产品产量"的公式计算填列。

(8) 直接材料：填写物料消耗预算中相应栏次的直接材料消耗总量和物料成本。

(9) 包装材料：填写物料消耗预算中相应栏次的包装材料消耗总量和物料成本。

(10) 燃料及动力：填写物料消耗预算中相应栏次的燃料及动力消耗总量和物料成本。

(11) 直接人工：填写生产职工薪酬预算中相应栏次的直接人工成本。

(12) 制造费用：填写制造费用分配表中相应栏次的制造费用分配金额。

(13) 合计：横向年度总成本的耗量和金额既可由本表各季度数据合计得到，也可根据物料消耗预算、生产职工薪酬预算和制造费用分配表中的相关数据填列，纵向的金额项目需要合计，其他项目不需要合计。

七、编制产品成本预算汇总表

（一）产品成本预算汇总表

产品成本预算汇总表的格式如表 3-20 所示。

表 3-20　2021 年产品成本预算汇总表

编制部门：　　　　　编制时间：　年　月　日　　　　　　金额单位：元

产品编码	产品名称	规格型号	计量单位	产品产量	直接材料		包装材料		燃料及动力		直接人工		制造费用		总成本	
					总成本	单位成本	总成本	单位成本	总成本	单位成本	总成本	单位成本	总成本	单位成本	总成本	单位成本
合计	—	—	—		—		—		—		—		—			

预算管理部：　　　分管领导：　　　部门领导：　　　主管会计：　　　编制人：

（二）填表说明

产品成本预算汇总表在各产品成本预算的基础上汇总编制，按照一种产品填制一行的原则填列，年度预算要细化到季度或月度。各项目释义及填写方法如下：

(1) 产品编码:填写预算数据库中的产品编码。

(2) 产品名称:填写符合国家标准的产品名称。

(3) 规格型号:规格指表示产品性能的某些主要指标,如成分、含量、纯度、强度、尺寸、色泽等;型号指表示产品规格集合的"名称"或"代码"。

(4) 计量单位:填写符合国家标准的长度单位、面积单位、体积单位、容积单位、质量单位、数量单位等,既可以用名称,也可以用符号,但必须保持一致。

(5) 产品产量:填列预算期内的产品产量,各预算期的产品产量要与产品产量预算中的产品产量保持一致。

(6) 总成本:填写各产品成本预算中相应栏次的产品总成本。

(7) 单位成本:填写各产品成本预算中相应栏次的产品单位成本。

(8) 直接材料:填写各产品成本预算中相应栏次的直接材料总成本和单位成本。

(9) 包装材料:填写各产品成本预算中相应栏次的包装材料总成本和单位成本。

(10) 燃料及动力:填写各产品成本预算中相应栏次的燃料及动力总成本和单位成本。

(11) 直接人工:填写各产品成本预算中相应栏次的直接人工总成本和单位成本。

(12) 制造费用:填写各产品成本预算中相应栏次的制造费用总成本和单位成本。

(13) 合计:横向总成本和单位成本均可合计,纵向只合计总成本,其他项目不需要合计。

第六节　生产资金支付预算

一、定义

生产资金支付预算是预算期内企业生产活动所需支付资金的预算。这里所说的"资金"是指企业向收款方支付的现金、银行汇票、银行本票、商业汇票、汇兑、汇款、信用证等,生产资金支付预算的主要内容包括支付科目、支付内容概要、责任主体、支付时间、结算方式与结算金额等。

二、编制部门

生产资金支付预算由生产部负责编制,财务部予以协助。

三、编制依据

生产资金支付预算的编制依据如表 3-21 所示。

表 3-21 编制依据

序号	资料名称	资料说明	提供部门
1	制造费用预算	预算期内企业为生产产品而发生的各项间接成本的预算	生产车间
2	应付款清单	生产支出业务已在上期发生,需要在预算期支付资金的款项清单	生产车间
3	资金结算方式	付款方与收款方对有关资金支付业务在具体结算方式上的约定	生产车间

四、编制流程

(一) 编制流程图

生产资金支付预算编制流程图如图 3-6 所示。

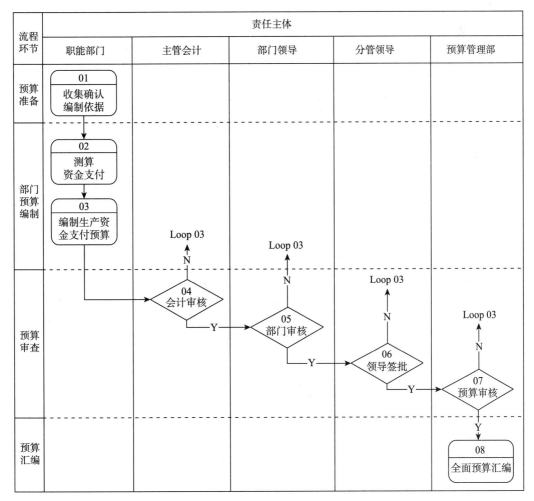

图 3-6 生产资金支付预算编制流程图

（二）编制流程说明

生产资金支付预算的编制流程说明如表 3-22 所示。

表 3-22 编制流程说明

编号	活动名称	责任主体	活动要点	输出成果
01	收集确认编制依据	生产车间	（1）收集制造费用预算、应付款清单、资金结算方式等资料 （2）确认预算编制依据收集齐全、内容准确无误	预算编制所需的全部编制依据
02	测算资金支付	生产车间	根据制造费用预算、应付款清单、资金结算方式等资料，逐项、逐笔确定生产业务的内容和结算方式，测算资金支付金额	生产资金支付测算表
03	编制生产资金支付预算	生产车间	以生产资金支付测算表为依据计算编制生产资金支付预算	生产资金支付预算
04	会计审核	主管会计	主要审核生产资金支付预算的编制依据是否充分，项目内容是否符合规定，数据计算是否准确等内容	会计审核后的预算
05	部门审核	车间主任	车间主任审核生产资金支付预算	部门领导审核后的预算
06	领导签批	分管领导	公司分管生产的领导签批生产资金支付预算	领导签批后的预算
07	预算审核	预算管理部	预算管理部会同有关部门审查、评议职能部门上报的预算，向各部门下达《预算调整意见书》；职能部门根据调整意见，对预算进行修改和完善	审核通过的部门预算
08	全面预算汇编	预算管理部	审核通过的预算纳入公司全面预算汇编流程	—

五、编制生产资金支付测算表

（一）生产资金支付测算表

生产资金支付测算表的格式如表 3-23 所示。

表 3-23　2021 年生产资金支付测算表

编制部门：　　　　　　　编制时间：　　年　　月　　日　　　　　　　金额单位：元

科目编码	支付科目	支付内容	责任主体	1 季度			2 季度			3 季度			4 季度			全年合计		
				本期支付	结算方式		本期支付	结算方式		本期支付	结算方式		本期支付	结算方式		本期支付	结算方式	
					现款	承兑		现款	承兑		现款	承兑		现款	承兑		现款	承兑
合计	—	—	—															

（二）填表说明

生产资金支付测算表分部门编制，按照每笔资金支付活动填写一行的规则填列。各项目释义及填写方法如下：

（1）科目编码：填写预算数据库中资金支付事项的科目编码。

（2）支付科目：填写资金支付事项的科目名称。

（3）支付内容：填写资金支付事项的基本内容。

（4）责任主体：填写承办此项资金支付事项的业务部门或经办人。

（5）本期支付：填写预算期内支付的资金数额。

（6）结算方式：资金支付的具体结算方式和金额，主要包括银行汇票、银行本票、商业汇票、汇兑、托收承付、汇款、信用证等结算方式。为了简化，本书设计为现款和承兑两种结算方式，其中承兑是指商业汇票，现款是指除商业汇票之外的其他结算方式，现款和承兑的合计金额等于"本期支付"金额。

（7）合计：纵向对以金额为计量单位的项目的金额进行合计，横向对四个季度资金支付的金额进行合计。

六、编制生产资金支付预算

（一）生产资金支付预算表

生产资金支付预算表的格式如表 3-24 所示。

表 3-24　2021 年生产资金支付预算表

编制部门：　　　　　　　编制时间：　　年　　月　　日　　　　　　　金额单位：元

科目编码	支付科目	1季度			2季度			3季度			4季度			全年合计		
		本期支付	现款	承兑	本期支付	现款	承兑	本期支付	现款	承兑	本期支付	现款	承兑	本期支付	现款	承兑
合计	—															

预算管理部：　　　　分管领导：　　　　部门领导：　　　　主管会计：　　　　编制人：

（二）填表说明

生产资金支付预算表在生产资金支付测算表的基础上汇总填列，填列原则是每个资金支付科目汇总填列一行。年度预算要细化到季度或月度，月度预算可细化到每周。各项目释义及填写方法如下：

（1）科目编码：填写预算数据库中资金支付事项的科目编码。

（2）支付科目：填写资金支付事项的科目名称。

（3）本期支付：填写预算期内支付的资金数额，根据生产资金支付测算表（表3-23）分析、汇总填列，支付总额与生产资金支付测算表中的本期支付总额一致。

（4）结算方式：支付资金的具体结算方式和金额，其中承兑是指商业汇票，现款是指除商业汇票之外的其他结算方式。根据生产资金支付测算表（表3-23）分析、汇总填列，现款和承兑的合计金额要等于"本期支付"金额。

（5）合计：纵向对以金额为计量单位的项目的金额进行合计，横向对四个季度资金支付的金额进行合计。

Chapter 4 第四章

职工薪酬预算编制

导言： 职工薪酬预算是预算期内企业关于职工薪酬计提、发放和使用的预算，主要包括职工薪酬计提预算、职工工资发放预算、职工薪酬资金支付预算和应付职工薪酬变动预算。其中，职工薪酬计提预算中的有关预算数据是销售费用预算、管理费用预算、研发支出预算、制造费用预算、产品成本预算和劳务成本等成本费用预算的重要构成项目，需要与上述关联预算同步或交叉编制。

第一节 职工薪酬计提预算

一、定义

职工薪酬计提预算是预算期内企业关于计提应付职工薪酬的预算，内容包括职工工资、奖金、津贴和补贴、四险一金、职工福利费、工会经费、职工教育经费、非货币性福利、因解除与职工的劳动关系给予的补偿、其他与获得职工提供服务相关的支出等。

在会计核算中，职工薪酬计提预算既是"应付职工薪酬"科目的贷方发生额，又需要根据职工提供服务的受益对象，将计提的职工薪酬记入"生产成本""制造费用""劳务成本""销售费用""管理费用""研发支出"和"在建工程"等科目的借方发生额。

在编制职工薪酬计提预算时，凡是国家规定了计提基础和计提比例的项目，应按照国家规定的标准计提；凡是国家没有规定计提基础和计提比例的项目，企业首先应当根据历史经验数据和实际情况编制有关项目在预算期的使用计划，然后根据使用计划合理计提预算期应付职工薪酬的相关数额。

二、编制部门

职工薪酬计提预算由员工所在部门(职能部门)或人力资源部负责编制,财务部予以协助。

需要说明的是,职工薪酬计提预算的编制部门因企而异。通常的做法如下:生产部、销售部等职工薪酬与业务绩效密切挂钩的部门由员工所在部门编制预算,人力资源部和财务部审核;实行计时工资制的部门由人力资源部编制预算,财务部审核。本书为了便于讲解,编制流程做了统一。

三、编制依据

职工薪酬计提预算的编制依据如表4-1所示。

表4-1 编制依据

序号	资料名称	资料说明	提供部门
1	薪酬管理制度	企业有关职工薪酬的管理制度,包括工资及福利制度、考勤制度、绩效考核制度、薪酬计算方法等	人力资源部
2	职工工资档案	职工岗位职级和基本工资等档案	人力资源部
3	薪酬计划	预算期内职工薪酬水平、薪酬构成、计算依据等薪酬政策的计划安排	人力资源部
4	定岗定编计划	预算期内企业各部门岗位设置及各岗位人员编制计划	人力资源部
5	预算年度关键绩效指标	预算期内各部门承担的用于衡量部门或员工工作绩效表现的量化指标	人力资源部
6	绩效考核方案	企业运用特定的标准和指标,对各部门及员工的工作行为及取得的工作绩效进行考核评价,并根据考评结果兑现奖惩的实施计划	人力资源部
7	四险一金缴纳比例	预算期内企业以工资总额为基数计算的四险一金缴纳比例	人力资源部
8	工会经费计提标准	预算期内企业执行的工会经费计提标准	人力资源部
9	职工福利计划	预算期内有关职工福利(包括货币性福利和非货币性福利)的实施计划	人力资源部
10	教育培训计划	预算期内有关职工岗位培训及后续教育的实施计划	人力资源部
11	其他薪酬计划	预算期内解除劳动关系补偿及其他薪酬支出计划	人力资源部
12	产品产量预算	预算期内包括基本生产和辅助生产的产品及劳务数量预算	生产部

四、编制流程

(一)编制流程图

职工薪酬计提预算编制流程图如图 4-1 所示。

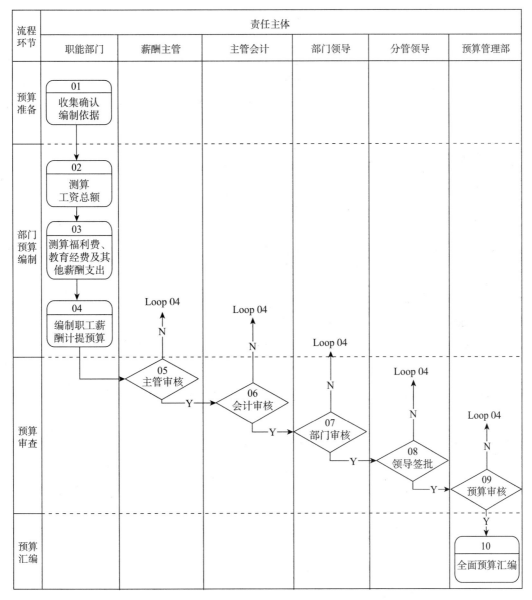

图 4-1 职工薪酬计提预算编制流程图

(二)编制流程说明

职工薪酬计提预算的编制流程说明如表 4-2 所示。

表 4-2 编制流程说明

编号	活动名称	责任主体	活动要点	输出成果
01	收集确认编制依据	职能部门	(1) 收集薪酬管理制度、职工工资档案、薪酬计划、定岗定编计划、预算年度关键绩效指标、绩效考核方案等资料 (2) 确认预算编制依据收集齐全、内容准确无误	预算编制所需的全部编制依据
02	测算工资总额	职能部门	根据薪酬管理制度、职工工资档案、薪酬计划、定岗定编计划、绩效考核方案等基础资料,测算企业各部门预算期工资总额,包括计时工资、计件工资、奖金、津贴和补贴、加班工资和其他工资六个部分	工资总额测算表
03	测算福利费、教育经费及其他薪酬支出	职能部门	根据预算期职工福利计划、教育培训计划和其他薪酬计划等资料等,测算福利费、教育经费及其他薪酬支出	福利费、教育经费及其他薪酬测算表
04	编制职工薪酬计提预算	职能部门	根据工资总额测算表,福利费、教育经费及其他薪酬测算表,四险一金缴纳比例,工会经费计提标准编制职工薪酬计提预算	职工薪酬计提预算
05	主管审核	薪酬主管	人力资源部薪酬主管审核职工薪酬计提预算,确保其符合企业薪酬管理制度和绩效考核方案	薪酬主管审核后的预算
06	会计审核	主管会计	主要审核职工薪酬计提预算的编制依据是否充分,计提标准运用是否准确,数据计算、推演是否正确等内容	会计审核后的预算
07	部门审核	部门领导	人力资源部经理审核、确认职工薪酬计提预算	部门领导审核后预算
08	领导签批	分管领导	公司分管人力资源的领导签批职工薪酬计提预算	领导签批后的预算
09	预算审核	预算管理部	预算管理部会同有关部门审查、评议职能部门上报的预算,向各部门下达《预算调整意见书》;职能部门根据调整意见,对预算进行修改和完善	审核通过的部门预算
10	全面预算汇编	预算管理部	审核通过的预算纳入公司全面预算汇编流程	—

五、测算工资总额

工资总额是指企业在预算期内直接支付给职工的劳动报酬总额,包括计时工资、计件工资、奖金、津贴和补贴、加班工资、特殊情况下支付的工资等六部分。其中,计时工资是按计时工资标准(包括地区生活费补贴)和工作时间计算支付给员工的劳动报酬;计件工资是对已完成的产品产量、作业量、销售收入等劳动成果按计件单价计算支付给员工的劳动报酬,包括实行超额累进计件、直接无限计件、限额计件、超定额计件等工资制;按工作任务包干方法支付给员工的工资;按营业额提成或利润提成办法支付给员工的工资等。

一般而言,企业的销售人员多按销售数量或销售额计算计件工资,生产工人多按产品产量或作业量计算计件工资,其他人员则实行计时工资。由于销售人员、生产工人和其他人员的工资核算形式不同,所以,职工工资总额计算表的格式也不尽相同。

(一)测算销售人员工资总额

1. 销售人员工资总额测算表

销售人员工资总额测算表的格式如表4-3所示。

表4-3　2021年销售人员工资总额测算表

编制部门:　　　　　编制时间:　年　月　日　　　　　金额单位:元

员工编码	员工姓名	基本工资	保底工资	计算计件工资				其他工资				工资总额
				计件对象	销售额或销售量	提成比例或计件单价	计件工资	考核奖金	津贴补贴	加班工资	其他	
—	合计											

2. 填表说明

各企业对销售人员的薪资政策不尽相同,因此工资总额测算表的格式设计会因企业对销售人员的薪资政策不同而不同,既可以按销售部门的总人数测算,也可以按销售人员的姓名逐一测算。各项目释义及填写方法如下:

(1)员工编码:填写预算数据库中的员工编码。

(2)员工姓名:填写现有销售人员的姓名,预算期内计划新增加的销售人员按岗位职级进行预测后填写。

(3)基本工资:填写企业核准的预算期内各销售人员的基本工资。

(4)保底工资:填写只与工作时间挂钩不与销售额挂钩计算的固定报酬,如果销售人员采用全额计件工资制,则保底工资为零。

(5) 计件对象:填写用于计算计件工资的产品名称或作业项目。

(6) 计件工资:填写按公式"计件工资=销售额或销售量×提成比例或计价单价"计算的销售人员计件工资。其中,销售额或销售量是指以销售收入或销售数量为考核对象计算计件工资;提成比例是指按销售额计提计件工资的比例;计件单价是指每完成一个计量单位的销售量时应得到的计件工资额。

(7) 考核奖金:填写根据销售人员绩效考核方案和预计考核结果计算的考核奖金。

(8) 津贴补贴:填写根据企业规定测算的预算期内销售人员的岗位津贴和补贴。

(9) 加班工资:填写销售人员延长工作时间、休息日工作及法定休假日工作应得的工资报酬,根据预算期内销售人员预计加班天数和工资政策测算。

(10) 其他:填写根据有关工资政策测算的预算期内销售人员的其他工资。

(11) 工资总额:根据"工资总额=保底工资+计件工资+其他工资"的公式计算填列。

(12) 合计:纵向对以金额为计量单位的各项目进行合计。

(二) 测算生产工人工资总额

1. 生产工人工资总额测算表

生产工人工资总额测算表的格式如表4-4所示。

表4-4 2021年生产工人工资总额测算表

编制部门:　　　　　编制时间:　年　月　日　　　　　金额单位:元

员工编码	员工姓名	基本工资	保底工资	计件对象			计件工资计算			其他工资				工资总额
				产品编码	产品名称	规格型号	计量单位	产品产量	计件单价	计件工资	考核奖金	津贴补贴	加班工资	其他	
—	合计			—	—	—	—							

2. 填表说明

生产工人的工资核算形式往往因行业、因企业、因车间、因产品而异,一般而言,生产工人工资都实行与产品产量挂钩的核算方式,但挂钩比例不尽相同,需要按挂钩比例和产品产量计算计件工资。凡是能够对个人劳动成果进行准确计量的,均可实行个人计件工资制;不能对个人劳动成果进行计量的,可先按集体计件进行计算,然后再将集体计件所得的计件工资在车间成员之间采用适当的方法进行分配。生产工人工资总额测算表按车间填制。各项目释义及填写方法如下:

(1) 员工编码:填写预算数据库中的员工编码。

(2) 员工姓名:填写现有生产工人的姓名,预算期内计划新增加的生产工人按岗位职级进行预测后填写。

(3) 基本工资:填写企业核准的预算期内各生产工人的基本工资。

(4) 保底工资:填写只与工作时间挂钩不与产品产量挂钩计算的固定报酬,如果生产工人采用全额计件工资制,则保底工资为零。

(5) 产品编码:填写预算数据库中的产品编码。

(6) 产品名称:填写符合国家标准的产品名称。

(7) 规格型号:规格指表示产品性能的某些主要指标,如成分、含量、纯度、强度、尺寸、色泽等;型号指表示产品规格集合的"名称"或"代码"。

(8) 计量单位:填写符合国家标准的长度单位、面积单位、体积单位、容积单位、质量单位、数量单位等,既可以用名称,也可以用符号,但必须保持一致。

(9) 产品产量:填写预算期内的产品产量。

(10) 计件单价:填写每完成一个计量单位的业务量时应得到的计件工资额。

(12) 计件工资:填写按公式"计件工资=产品产量×计价单价"计算的生产工人计件工资。

(13) 考核奖金:填写根据车间工人奖金考核方案和预计考核结果计算的考核奖金。

(14) 津贴补贴:填写根据企业规定测算的预算期内生产工人的岗位津贴和补贴。

(15) 加班工资:填写生产工人延长工作时间、休息日工作及法定休假日工作应得的工资报酬,根据预算期内生产工人预计加班天数和工资政策测算。

(16) 其他:填写根据有关工资政策测算的预算期内生产工人的其他工资。

(17) 工资总额:根据公式"工资总额=保底工资+计件工资+其他工资"计算填列。

(18) 合计:纵向对以金额为计量单位的各项目进行合计。

(三) 测算计时工资制员工工资总额

1. 计时工资制员工工资总额测算表

计时工资制员工工资总额测算表的格式如表4-5所示。

表 4-5 2021 年计时工资制员工工资总额测算表

编制部门：　　　　　　　　编制时间：　年　月　日　　　　　　　金额单位：元

员工编码	员工姓名	基本工资测算			其他工资测算				工资总额
		日工资	出勤天数	基本工资	考核奖金	津贴补贴	加班工资	其他	

2. 填表说明

企业除生产工人、销售人员之外的职能管理、研发、工程项目、后勤保障等员工一般实行计时工资制。实行计时工资制的职工工资总额测算表按照一个部门编制一张表的原则填制。各项目释义及填写方法如下：

（1）员工编码：填写预算数据库中的员工编码。

（2）员工姓名：填写部门现有员工的姓名，预算期内计划新增加的员工按岗位职级进行预测后填写。

（3）日工资：按照公式"日工资＝月基本工资÷21.75"计算填列。

（4）出勤天数：填写员工预计出勤天数。

（5）基本工资：按照公式"基本工资＝日工资×出勤天数"计算填列。

（6）考核奖金：填写根据职能部门奖金考核方案和预计考核结果计算的考核奖金。

（7）津贴补贴：填写根据企业规定测算的预算期内各职能岗位员工的岗位津贴和补贴。

（8）加班工资：填写各职能岗位员工延长工作时间、休息日工作及法定休假日工作应得的工资报酬，根据预算期内各职能岗位员工预计加班天数和工资政策测算。

（9）其他：填写根据有关工资政策测算的预算期内各职能岗位员工的其他工资。

（10）工资总额：根据公式"工资总额＝基本工资＋其他工资"计算填列。

（11）合计：纵向对以金额为计量单位的各项目进行合计。

六、测算福利费、教育经费及其他薪酬

（一）福利费、教育经费及其他薪酬测算表

福利费、教育经费及其他薪酬测算表的格式如表 4-6 所示。

表4-6　2021年福利费、教育经费及其他薪酬测算表

编制部门：　　　　　　编制时间：　　年　　月　　日　　　　　　　　　金额单位：元

序号	支出项目	内容概要	测算依据及方法	列支渠道	费用金额				全年合计
					1季度	2季度	3季度	4季度	
1.	职工福利费								
1.1									
1.2									
...									
2.	教育经费								
2.1									
2.2									
...									
3.	其他薪酬								
3.1									
3.2									
...									
	合计	—		—					

（二）填表说明

福利费、教育经费及其他薪酬测算表根据职工福利计划、教育培训计划和其他薪酬计划等资料编制，一个部门编制一张测算表。福利费、教育经费及其他薪酬测算表既可以先按部门测算，再汇总编制；也可以先测算企业整体数额，再分解到各个部门。各项目释义及填写方法如下：

（1）职工福利费：填写企业用于增进职工物质利益，帮助职工及其家属解决某些特殊困难和兴办集体福利事业所支付的费用，包括货币性福利和非货币性福利。根据《中华人民共和国企业所得税法实施条例》的规定：职工福利费不超过工资总额14%的部分，准予在计算应纳税所得额时扣除。因此，职工福利费的计提比例国家没有规定，是先提后用，还是实报实销，有关法规也没做统一规定，编制预算既可以按照不超过工资总额14%的比率计提，也可以根据企业编制的职工福利使用计划填列。

（2）教育经费：填写企业用于职工岗位培训、后续教育等学习先进技术和提高文化水平而支付的费用。根据财政部、税务总局《关于企业职工教育经费税前扣除政策的通知》（财税〔2018〕51号）可知，自2018年1月1日起，企业发生的职工教育经费支出，不超过工资薪金总额8%的部分，准予在计算企业所得税应纳税所得额时扣除；超过部分，准予在以后纳税年度结转扣除。因此，企业可以按照财税〔2018〕51号文件的规定，根据

实际需要合理确定计提比率,也可以根据企业编制的教育经费使用计划填列。

(3) 其他薪酬:填写企业因解除与职工的劳动关系给予的补偿以及其他与获得职工提供的服务相关的支出,可根据企业编制的其他薪酬计划填列。

(4) 内容概要:填写职工福利费、教育经费和其他薪酬所发生费用的基本内容。

(5) 测算依据及方法:填写费用发生金额的测算依据、计算公式及测算方法。

(6) 列支渠道:填写职工福利费、教育经费和其他薪酬费用的承担部门。

(7) 费用金额:填写职工福利费、教育经费和其他薪酬费用发生的具体期间和金额。

(8) 合计:纵向对以金额为计量单位的项目的金额进行合计,横向将四个季度发生的费用金额进行合计。

七、编制职工薪酬计提预算

(一) 职工薪酬计提预算表

职工薪酬计提预算表的格式如表4-7所示。

表4-7 2021年职工薪酬计提预算表

编制部门:　　　　　编制时间:　年　月　日　　　　　金额单位:元

序号	列支渠道	工资总额	计提四项保险		计提公积金		计提工会经费		福利费	教育经费	其他薪酬	薪酬总额
			比率	金额	比率	金额	比率	金额				
1.	生产成本											
1.1	A产品											
1.2	B产品											
...	...											
2.	制造费用											
2.1	A车间											
2.2	B车间											
...	...											
3.	管理费用											
3.1	人力资源部											
3.2	财务部											
...	...											
4.	销售费用											
4.1	销售人员											
4.2	销售管理人员											
5.	研发支出											

金额单位:元(续表)

序号	列支渠道	工资总额	计提四项保险		计提公积金		计提工会经费		福利费	教育经费	其他薪酬	薪酬总额
			比率	金额	比率	金额	比率	金额				
5.1	研究人员											
5.2	开发人员											
…	…											
6.	在建工程											
6.1	A项目											
6.2	B项目											
…	…											
—	合计											

预算管理部：　　　分管领导：　　　部门领导：　　　主管会计：　　　编制人：

（二）填表说明

职工薪酬计提预算表在各个工资总额测算表、四险一金缴纳比例、工会经费计提标准和福利费、教育经费及其他薪酬测算表等资料的基础上编制，年度预算要细化到季度或月度。各项目释义及填写方法如下：

（1）列支渠道：填写根据职工提供服务的受益对象，将计提的职工薪酬（包括货币性薪酬和非货币性福利）计入相关资产成本或当期损益。其中，生产工人的薪酬在生产成本列支，车间管理人员的薪酬在制造费用列支，管理部门人员的薪酬在管理费用列支，销售人员的薪酬在销售费用列支，由研究开发活动承担的薪酬在在研发支出列支，由工程项目承担的薪酬在在建工程列支。

（2）工资总额：填写根据计时工资、计件工资、奖金、津贴和补贴、加班工资和其他工资合计得出的金额，相关数据可以直接从各个工资总额测算表中获得。

（3）计提四项保险：四项保险为养老保险、失业保险、医疗保险及工伤保险，是国家保障员工的一种法定制度。其中，养老保险、失业保险、医疗保险由企业和员工共同缴纳，工伤保险全部由企业缴纳。四项保险的缴纳比例全国各地不尽相同，按企业所在地劳动保障部门规定的缴纳比例填写计提比率。

（4）计提公积金：住房公积金属于国家非强制性要求，企业可以根据自身经营情况确定。缴存比例一般在8%至12%之间，企业与员工个人各负担一半。住房公积金计提金额的计算公式为"住房公积金计提金额＝上年度工资总额×计提比率"，本表可以按预算年度工资总额计算。

（5）计提工会经费：工会经费按照工资总额2%的比率计提。

（6）福利费：根据福利费、教育经费及其他薪酬测算表（表4-6）中的福利费在各列支渠道合理分配后填列。

（7）教育经费：根据福利费、教育经费及其他薪酬测算表（表 4-6）中的教育经费在各列支渠道合理分配后填列。

（8）其他薪酬：根据福利费、教育经费及其他薪酬测算表（表 4-6）中的其他薪酬在各列支渠道合理分配后填列。

（9）薪酬总额：按照公式"薪酬总额＝工资总额＋四项保险＋公积金＋工会经费＋福利费＋教育经费＋其他薪酬"计算填列。

（10）合计：纵向以金额为计量单位的项目都需要合计，比率项目可以通过计算得出。

第二节 职工工资发放预算

一、定义

职工工资发放预算是预算期内企业支付给员工劳动报酬的预算，主要内容包括部门名称、薪酬项目、应付工资、社保扣款、公积金扣款、代扣个税、实发工资等。

二、编制部门

职工工资发放预算由人力资源部负责编制，财务部予以协助。

三、编制依据

职工工资发放预算的编制依据如表 4-8 所示。

表 4-8 编制依据

序号	资料名称	资料说明	提供部门
1	职工薪酬计提预算	预算期内企业计提应付职工薪酬的预算	人力资源部
2	个人所得税税率表	用于计算个人所得税的超额累进税率表	人力资源部
3	社会保险与住房公积金个人缴纳标准	按照国家规定预算期内员工个人应缴纳的社会保险与住房公积金标准	人力资源部
4	上期工资发放表	预算基期企业全体员工的工资发放表	人力资源部

四、编制流程

(一)编制流程图

职工工资发放预算编制流程图如图 4-2 所示。

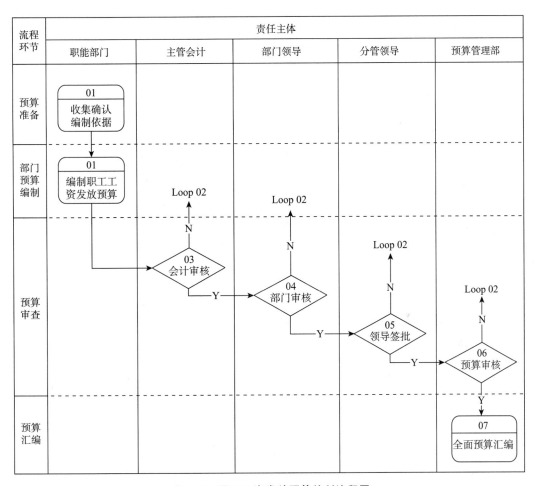

图 4-2 职工工资发放预算编制流程图

(二)编制流程说明

职工工资发放预算的编制流程说明如表 4-9 所示。

表 4-9 编制流程说明

编号	活动名称	责任主体	活动要点	输出成果
01	收集确认编制依据	人力资源部	(1) 收集职工薪酬计提预算、个人所得税税率表、社会保险与住房公积金个人缴纳标准和上期工资发放表等资料 (2) 确认预算编制依据收集齐全、内容准确无误	预算编制所需的全部编制依据

（续表）

编号	活动名称	责任主体	活动要点	输出成果
02	编制职工工资发放预算	人力资源部	根据职工薪酬计提预算、个人所得税税率表、社会保险与住房公积金个人缴纳标准、上期工资发放表等资料，编制职工工资发放预算	职工工资发放预算
03	会计审核	主管会计	主要审核职工工资发放预算的编制依据是否充分，数据计算、推演是否正确等	会计审核后的预算
04	部门审核	部门领导	人力资源部经理审核、确认职工工资发放预算	部门领导审核后预算
05	领导签批	分管领导	公司分管人力资源的领导签批职工工资发放预算	领导签批后的预算
06	预算审核	预算管理部	预算管理部会同有关部门审查、评议职能部门上报的预算，向各部门下达《预算调整意见书》；职能部门根据调整意见，对预算进行修改和完善	审核通过的部门预算
07	全面预算汇编	预算管理部	审核通过的预算纳入公司全面预算汇编流程	—

五、编制职工工资发放预算

（一）职工工资发放预算表

职工工资发放预算表的格式如表4-10所示。

表4-10　2021年职工工资发放预算表

编制部门：　　　　　　编制时间：　　年　月　日　　　　　　金额单位：元

部门编码	部门名称	职工人数	基本工资	保底工资	计件工资	考核奖金	津贴补贴	加班工资	其他工资	应付工资	社保扣款	公积金扣款	代扣个税	实发工资
合计	—													

预算管理部：　　　　分管领导：　　　　部门领导：　　　　主管会计：　　　　编制人：

（二）填表说明

职工工资发放预算表根据职工薪酬计提预算表、个人所得税税率表、社会保险与住房公积金个人缴纳标准、上期工资发放表等资料编制，年度预算要细化到季度或月度。由于大多数企业采用上月应付工资在下个月份发放的制度,因此,预算期的应付工资是根据公式"基期12月份应付工资+预算期1-11月份应付工资"计算填列的。如果各月份应付工资变化不大,也可以按预算期应付工资填列。各项目释义及填写方法如下:

（1）部门编码:填写预算数据库中的部门编码。

（2）部门名称:填写各个职能部门的名称。

（3）职工人数:填写预算期内各个职能部门的员工人数。

（4）基本工资:填写预算期内发放实行计时工资制员工的基本工资。

（5）保底工资:填写预算期内发放实行计件工资制员工的保底工资。

（6）计件工资:填写预算期内发放实行计件工资制员工的计件工资。

（7）考核奖金:填写预算期内发放根据预计考核结果计算的考核奖金。

（8）津贴补贴:填写预算期内发放根据规定支付给员工的岗位津贴和补贴。

（9）加班工资:填写预算期内发放员工因工作加班而应得的工资报酬。

（10）其他工资:填写预算期内发放给员工的其他薪酬。

（11）应付工资:根据公式"应付工资=基本工资+保底工资+计件工资+考核奖金+津贴补贴+加班工资+其他工资"计算填列。

（12）社保扣款:填写预算期内员工个人应缴纳的社会保险费。

（13）公积金扣款:填写预算期内员工个人应缴纳的住房公积金。

（14）代扣个税:填写预算期内企业从职工工资中扣除并代为缴纳的个人所得税,根据预算期发放工资总额和个税缴纳比例计算填列。

（15）实发工资:根据公式"实发工资=应付工资-社保扣款-公积金扣款-代扣个税"计算填列。

（16）合计:纵向除部门名称外其他项目的金额均需要合计。

第三节 职工薪酬资金支付与应付职工薪酬变动预算

一、定义

职工薪酬资金支付预算是关于预算期内企业职工薪酬支付所需资金的预算。主要内容包括支付项目、支付内容概要、责任主体、支付时间、结算方式与结算金额等。

应付职工薪酬变动预算是关于预算期内应付职工薪酬账户增减变动的预算。主要内容包括明细科目、期初余额、本期增加、本期减少和期末余额等。

二、编制部门

职工薪酬资金支付预算由人力资源部负责编制,财务部予以协助。

应付职工薪酬变动预算由财务部负责编制,人力资源部予以协助。

三、编制依据

职工薪酬资金支付预算与应付职工薪酬变动预算的编制依据如表 4-11 所示。

表 4-11 编制依据

序号	资料名称	资料说明	提供部门
1	职工工资发放预算	预算期内企业支付给员工劳动报酬的预算	人力资源部
2	四险一金缴纳比例	预算期内企业以工资总额为基数计算的四险一金缴纳比率	人力资源部
3	拨交工会经费计划	企业按全部职工工资总额的 2% 向工会拨交工会经费的计划	人力资源部
4	职工福利计划	预算期内有关职工福利(包括货币性福利和非货币性福利)的实施计划	人力资源部
5	教育培训计划	预算期内有关职工岗位培训及后续教育的实施计划	人力资源部
6	其他薪酬计划	预算期内解除劳动关系补偿及其他薪酬支出计划	人力资源部
7	应付款清单	职工薪酬支出业务已在上期发生,需要在预算期支付资金的款项清单	人力资源部
8	资金结算方式	付款方与收款方对有关资金支付业务在具体结算方式上的约定	人力资源部
9	职工薪酬计提预算	预算期内企业计提应付职工薪酬的预算	人力资源部
10	应付职工薪酬期初余额	企业应付职工薪酬账户的期初余额表	财务部

四、编制流程

(一)编制流程图

职工薪酬资金支付预算与应付职工薪酬变动预算编制流程图如图 4-3 所示。

第四章 职工薪酬预算编制

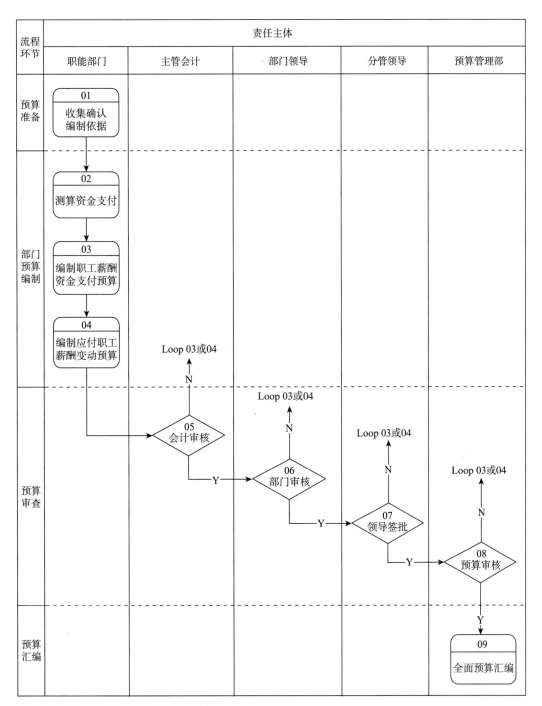

图 4-3 职工薪酬资金支付与应付职工薪酬变动预算编制流程图

(二) 编制流程说明

职工薪酬资金支付与应付职工薪酬变动预算的编制流程说明如表 4-12 所示。

表 4-12 编制流程说明

编号	活动名称	责任主体	活动要点	输出成果
01	收集确认编制依据	人力资源部	（1）收集职工工资发放预算、四险一金缴纳比例、拨交工会经费计划、职工福利计划、教育培训计划、其他薪酬计划、应付款清单、资金结算方式等资料 （2）确认预算编制依据收集齐全、内容准确无误	预算编制所需的全部编制依据
02	测算资金支付	人力资源部	根据职工工资发放预算、四险一金缴纳比例、拨交工会经费计划、职工福利计划、教育培训计划、其他薪酬计划、应付款清单、资金结算方式等资料，逐项、逐笔确定各项业务的内容和结算方式，测算资金支付金额	职工薪酬资金支付计算表
03	编制职工薪酬资金支付预算	人力资源部	以职工薪酬资金支付计算表为依据计算编制	职工薪酬资金支付预算
04	编制应付职工薪酬变动预算	人力资源部	以应付职工薪酬期初余额、职工薪酬计提预算和职工工资发放预算为依据计算编制	应付职工薪酬变动预算
05	会计审核	主管会计	主要审核职工薪酬资金支付预算和应付职工薪酬变动预算的准确性和合理性	会计审核后的预算
06	部门审核	部门领导	部门领导审核职工薪酬资金支付预算和应付职工薪酬变动预算，确认预算的准确性与可行性	部门领导审核后的预算
07	领导签批	分管领导	公司分管人力资源的领导签批职工薪酬资金支付预算和应付职工薪酬变动预算	领导签批后的预算
08	预算审核	预算管理部	预算管理部会同有关部门审查、评议职能部门上报的预算，向各部门下达《预算调整意见书》；职能部门根据调整意见，对预算进行修改和完善	审核通过的部门预算
09	全面预算汇编	预算管理部	审核通过的预算纳入公司全面预算汇编流程	—

五、编制职工薪酬资金支付计算表

（一）职工薪酬资金支付计算表

职工薪酬资金支付计算表的格式如表 4-13 所示。

表 4-13   2021年职工薪酬资金支付计算表

编制部门：　　　　　编制时间：　　年　　月　　日　　　　　　　　金额单位：元

科目编码	支付科目	支付内容	1季度			2季度			3季度			4季度			全年合计		
			本期支付	结算方式		本期支付	结算方式		本期支付	结算方式		本期支付	结算方式		本期支付	结算方式	
				现款	其他		现款	其他		现款	其他		现款	其他		现款	其他
—	合计	—															

（二）填表说明

职工薪酬资金支付计算表由人力资源部按照每笔资金支付活动填写一行的规则统一填列。各项目释义及填写方法如下：

（1）科目编码：填写预算数据库中资金支付事项的科目编码。

（2）支付科目：填写资金支付事项的科目名称，主要包括：实发工资、缴纳社保、缴纳公积金、拨交工会经费、教育经费支出、福利费支出、其他薪酬支出和代扣个税支出等，其中，缴纳社保、缴纳公积金包括企业代扣职工个人缴纳的部分。

（3）支付内容：填写资金支付事项的基本内容。

（4）本期支付：填写预算期内支付的资金数额。

（5）结算方式：资金支付的具体结算方式和金额，包括现款和其他两种结算方式，现款和其他的合计金额等于"本期支付"金额。

（6）合计：纵向对以金额为计量单位的项目的金额进行合计，横向对四个季度资金支付的金额进行合计。

六、编制职工薪酬资金支付预算

（一）职工薪酬资金支付预算表

职工薪酬资金支付预算表的格式如表4-14所示。

表 4-14　2021 年职工薪酬资金支付预算表

编制部门：　　　　　　编制时间：　　年　　月　　日　　　　　　金额单位：元

科目编码	支付科目	1 季度			2 季度			3 季度			4 季度			全年合计		
		本期支付	现款	其他	本期支付	现款	其他	本期支付	现款	其他	本期支付	现款	其他	本期支付	现款	其他
	实发工资															
	缴纳社保															
	缴纳公积金															
	拨交工会经费															
	教育经费支出															
	福利费支出															
	其他薪酬支出															
	代扣个税支出															
	合计															

预算管理部：　　　　分管领导：　　　　部门领导：　　　　主管会计：　　　　编制人：

（二）填表说明

职工薪酬资金支付预算表在职工薪酬资金支付计算表的基础上汇总填列，填列原则是每个资金支付科目汇总填列一行，年度预算要细化到季度或月度。各项目释义及填写方法如下：

（1）科目编码：填写预算数据库中资金支付事项的科目编码。

（2）支付科目：填写资金支付事项的科目名称。

（3）实发工资：填写职工薪酬资金支付计算表中的实发工资额。

（4）缴纳社保：填写职工薪酬资金支付计算表中的缴纳社会保险费数额，包括企业缴纳部分和个人缴纳部分。

（5）缴纳公积金：填写职工薪酬资金支付计算表中的缴纳住房公积金数额，包括企业缴纳部分和个人缴纳部分。

（6）拨交工会经费：填写职工薪酬资金支付计算表中的拨交工会经费数额，包括按工会经费 40% 上缴上级工会组织部分和企业工会组织自留部分。

（7）教育经费支出：填写职工薪酬资金支付计算表中的教育经费支出数额。

（8）福利费支出：填写职工薪酬资金支付计算表中的福利费支出数额。

（9）其他薪酬支出：填写职工薪酬资金支付计算表中的其他薪酬支出数额。

（10）代扣个税支出：填写职工薪酬资金支付计算表中的代扣个税支出数额。

（11）本期支付：填写预算期内支付的资金数额，根据职工薪酬资金支付计算表

(表4-13)分析、汇总填列,支付总额与职工薪酬资金支付计算表中的本期支付总额一致。

(12)结算方式:职工薪酬资金支付的具体结算方式和金额,根据职工薪酬资金支付计算表(表4-13)分析、汇总填列,现款和其他合计金额要等于本期支付金额。

(13)合计:纵向对以金额为计量单位的项目进行合计,横向四个季度资金支付的金额进行合计。

七、编制应付职工薪酬变动预算

(一)应付职工薪酬变动预算表

应付职工薪酬变动预算表的格式如表4-15所示。

表4-15　2021年应付职工薪酬变动预算表

编制部门:　　　　　　编制时间:　　年　　月　　日　　　　　　金额单位:元

科目编码	明细科目	期初余额	本期增加	本期减少	期末余额
	工资总额				
	职工福利				
	社会保险费				
	住房公积金				
	工会经费				
	教育经费				
	其他薪酬				
	合计				

预算管理部:　　　分管领导:　　　部门领导:　　　主管会计:　　　编制人:

(二)填表说明

应付职工薪酬变动预算表以应付职工薪酬期初余额表、职工薪酬计提预算表、职工工资发放预算表和职工薪酬资金支付预算表等资料为依据填列,年度预算要细化到季度或月度。各项目释义及填写方法如下:

(1)科目编码:填写预算数据库中应付职工薪酬明细科目的编码。

(2)明细科目:填写应付职工薪酬明细科目名称。

(3)期初余额:填写预算期应付职工薪酬账户的期初余额。

(4)本期增加:填写职工薪酬计提预算表中的各明细项目数额。

(5)本期减少:工资总额填写职工工资发放预算表中的应付工资总额,职工福利、社会保险费、住房公积金、工会经费、教育经费和其他薪酬均填写职工薪酬资金支付预算表中的明细项目数额,但社会保险费和住房公积金不包括企业代扣职工个人缴纳的部分。

(6)期末余额:根据公式"期末余额=期初余额+本期增加-本期减少"计算填列。

(7)合计:纵向各金额项目均需合计金额。

Chapter 5 第五章

期间费用预算编制

导言： 期间费用预算是预算期内企业为组织和管理生产经营活动、开展研发活动、筹集生产经营所需资金以及销售商品而发生的各项费用的预算，主要包括销售费用预算、管理费用预算、研发支出预算、财务费用预算和费用资金支付预算等。由于销售费用预算已归类到销售预算中，所以本章将不赘述。通常期间费用预算（除销售费用预算）与销售、生产、采购等经营预算没有直接关联，因此，期间费用预算一般与其他经营预算同步编制。

第一节 管理费用预算

一、定义

管理费用预算是预算期内企业为组织和管理生产经营活动所发生的各项费用的预算，主要内容包括费用项目、费用期间、费用部门、费用金额等。

二、编制部门

管理费用预算由各职能管理部门负责编制，财务部予以协助并负责汇总编制企业管理费用总预算。

三、编制依据

管理费用预算的编制依据如表 5-1 所示。

表 5-1 编制依据

序号	资料名称	资料说明	提供部门
1	管理活动计划	预算期内各职能管理部门编制部门管理活动计划	各职能部门
2	低值易耗品耗用计划	预算期内各职能管理部门耗用管理及办公器具等低值易耗品的计划	各职能部门

(续表)

序号	资料名称	资料说明	提供部门
3	水电汽耗用计划	预算期内各职能管理部门耗用水电汽的计划	行政管理部
4	办公用品耗用计划	预算期内各职能管理部门耗用办公用品的计划	各职能部门
5	计算机耗材领用计划	预算期内各职能管理部门耗用计算机耗材的计划	各职能部门
6	固定资产折旧预算	预算期内企业计提固定资产折旧额的预算	财务部
7	无形资产摊销预算	预算期内企业计提无形资产摊销的预算	财务部
8	职工薪酬计提预算	预算期内企业计提应付职工薪酬的预算	人力资源部
9	物料预算价格表	公司制定的预算期各类物料的内部核算价格表	财务部
10	费用定额与标准	预算期内企业核定的管理费用定额及开支标准	财务部

四、编制流程

（一）编制流程图

管理费用预算编制流程图如图5-1所示。

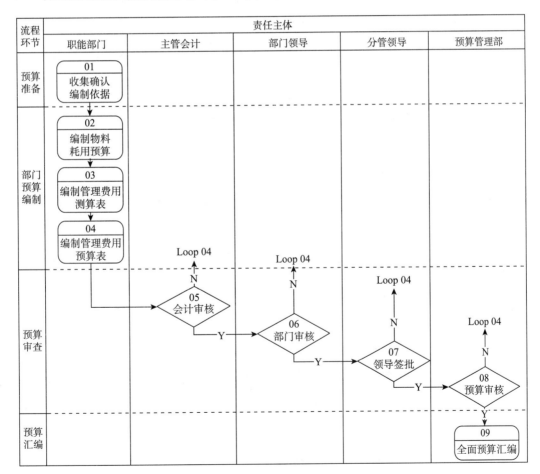

图5-1 管理费用预算编制流程图

（二）编制流程说明

管理费用预算的编制流程说明如表 5-2 所示。

表 5-2 编制流程说明

编号	活动名称	责任主体	活动要点	输出成果
01	收集确认编制依据	职能部门	（1）收集管理活动计划、低值易耗品耗用计划、水电汽耗用计划、办公用品耗用计划、计算机耗材领用计划、固定资产折旧预算、无形资产摊销预算、职工薪酬计提预算、物料预算价格表、费用定额与标准等资料 （2）确认预算编制依据收集齐全、内容准确无误	预算编制所需的全部编制依据
02	编制物料耗用预算	职能部门	根据低值易耗品耗用计划、水电汽耗用计划、办公用品耗用计划、计算机耗材领用计划、费用定额与标准等资料编制各类物料耗用预算	物料耗用预算
03	编制管理费用测算表	职能部门	根据管理活动计划、固定资产折旧预算、无形资产摊销预算、职工薪酬计提预算、费用定额与标准等资料，编制预算期各项管理费用测算表	管理费用测算表
04	编制管理费用预算表	职能部门	以管理费用测算表为基础，将各项管理费用划分为"固定费用项目"和"变动费用项目"两大类，汇总编制预算期管理费用预算	管理费用预算
05	会计审核	主管会计	主要审核管理费用预算的编制依据是否充分，预算项目运用是否恰当，数据计算是否准确等内容	会计审核后的预算
06	部门审核	部门领导	各部门领导审核、确认本部门的管理费用预算	部门领导审核后的预算
07	领导签批	分管领导	公司分管领导签批管理费用预算	领导签批后的预算
08	预算审核	预算管理部	预算管理部会同有关部门审查、评议职能部门上报的预算，向各部门下达《预算调整意见书》；职能部门根据调整意见，对预算进行修改和完善	审核通过的部门预算
09	全面预算汇编	预算管理部	审核通过的预算纳入公司全面预算汇编流程	—

五、编制管理费用物料耗用预算

(一) 管理费用物料耗用预算表

管理费用物料耗用预算表的格式如表 5-3 所示。

表 5-3　2021 年管理费用物料耗用预算表

编制部门：　　　　　编制时间：　　年　　月　　日　　　　　　金额单位：元

物料类别	物料编码	物料名称	规格型号	计量单位	预算单价	1 季度		2 季度		3 季度		4 季度		全年合计	
						领用量	金额	领用量	金额	领用量	金额	领用量	金额	领用量	金额
低值易耗品															
水电汽															
办公用品															
计算机耗材															
合计	—	—	—	—	—		—		—		—		—		

预算管理部：　　　分管领导：　　　部门领导：　　　主管会计：　　　编制人：

(二) 填表说明

管理费用物料耗用预算表在低值易耗品耗用计划、水电汽耗用计划、办公用品耗用计划、计算机耗材领用计划和物料预算价格表的基础上计算填列，年度预算要细化到季度或月度，月度预算要细化到每周。管理费用物料耗用预算既可以将各类物料设计成一张表，也可以每类物料各设计一张表。各项目释义及填写方法如下：

（1）低值易耗品：预算期内管理部门领用的单项价值在规定限额以下或使用期限不满一年、能多次使用且基本保持其实物形态的劳动资料，表中低值易耗品类物料的金额要进行小计。另外，表中填列的低值易耗品物料要对应计入管理费用的低值易耗品摊销科目，因为办公用品、计算机耗材分别对应计入管理费用的办公费和计算机耗材科目，所以管理部门领用的办公用品、计算机耗材类物品要单独填列。

（2）水电汽：预算期内管理部门办公及公共设施耗用的水、电、蒸汽，表中水电汽类物料的金额要进行小计。

(3) 办公用品:预算期内管理部门日常办公所耗用的各类文件档案用品、桌面用品、财务用品等一系列与工作相关的用品,表中办公用品类物料的金额要进行小计。

(4) 计算机耗材:预算期内管理部门计算机耗用的打印纸、鼠标垫、数据线、网线、墨盒、硒鼓、碳粉等物料,表中计算机耗材类物料的金额要进行小计。

(5) 物料编码:填写预算数据库中的物料编码。

(6) 物料名称:填写符合国家标准的物料名称。

(7) 规格型号:规格指表示物料性能的某些主要指标,如成分、含量、纯度、强度、尺寸、色泽等;型号指表示物料规格集合的"名称"或"代码"。

(8) 计量单位:填写符合国家标准的长度单位、面积单位、体积单位、容积单位、质量单位、数量单位等,既可以用名称,也可以用符号,但必须保持一致。

(9) 预算单价:物料预算价格,填写经企业核准的预算期内各种物料的内部核算价格。

(10) 领用量:填写预算期内耗用各类物料的数量。

(11) 金额:物料金额,填写按照公式"物料金额=预算单价×领用量"计算的某种物料的耗用总成本。

(12) 合计:横向各季度的"领用量""金额"需要每年度进行合计,纵向只合计"金额"项目,其他项目不需要合计。

六、编制管理费用测算表

(一) 管理费用测算表

管理费用测算表的格式如表5-4所示。

表5-4　2021年管理费用测算表

编制部门:　　　　编制时间:　　年　月　日　　　　　　　金额单位:元

序号	费用编码	活动概要	费用名称	费用习性				全年合计
	管理活动		测算依据及方法	费用金额				
				1季度	2季度	3季度	4季度	
合计		—	—					

(二) 填表说明

管理费用测算表按管理费用明细科目进行设置,一个明细科目设置一张测算表。在各项管理费用中既有变动费用,也有固定费用,还有混合费用,不同习性的管理费用项目与部门业务量之间有着不同的依存关系。因此,管理费用测算首先要按成本习性将管理费用分为固定管理费用、变动管理费用和混合管理费用三部分;然后,针对不同习性的管理费用采用不同的方法分析、计算、确定预算期内的各项管理费用数额。固定管理费用总额与业务量无直接因果关系,既可以在基期费用项目及金额的基础上根据预算期的发展变化加以适当修正进行预计,也可以运用零基预算的方法逐项测算;变动管理费用与业务量之间是一次函数关系(线性关系),可根据"$Y=bX$"(Y为变动管理费用总额,b为变动费用定额,X为业务量)的公式计算;混合管理费用总额不随着业务量的变动而同比例变动。因此,可利用公式"$Y=a+bX$"进行测算(Y为混合管理费用总额;a为混合管理费用中的固定费用总额;b为混合管理费用中的单位变动费用定额;X为业务量)。管理费用测算表各项目释义及填写方法如下:

(1) 费用编码:填写预算数据库中的管理费用明细项目编码。

(2) 费用名称:填写财务部规定的费用标准名称。

(3) 费用习性:填写"固定费用""变动费用"或"混合费用"。

(4) 管理活动:填写与管理活动计划相吻合的具体业务活动名称。

(5) 活动概要:填写开展管理活动所发生费用的基本内容。

(6) 测算依据及方法:填写费用发生金额的测算依据、计算公式及测算方法。

(7) 费用金额:填写管理费用发生的预算期间和预算金额。

(8) 合计:纵向对以金额为计量单位的项目的金额进行合计,横向将四个季度发生的费用金额进行合计。

七、编制管理费用预算

(一) 管理费用预算表

管理费用预算表的格式如表5-5所示。

表5-5 2021年管理费用预算表

编制部门: 　　　　编制时间: 　年　月　日　　　　　金额单位:元

费用编码	费用名称	1季度	2季度	3季度	4季度	年度预算
	1.固定费用					
	1.1 管理人员薪酬					
	1.2 固定资产折旧					

金额单位:元(续表)

费用编码	费用名称	1季度	2季度	3季度	4季度	年度预算
	1.3 无形资产摊销					
	1.4 财产保险费					
	1.5 低值易耗品摊销					
	固定费用小计					
	2.变动费用					
	2.1 办公费					
	2.2 计算机耗材					
	2.3 邮电通信费					
	2.4 水电汽费					
	2.5 差旅费					
	2.6 业务招待费					
	2.7 会议费					
	2.8 修理费					
	2.9 车辆费					
	2.10 绿化费					
	2.11 董事会费					
	2.12 咨询费					
	2.13 审计费					
	2.14 其他					
	变动费用小计					
	合计					

预算管理部: 　　分管领导: 　　部门领导: 　　主管会计: 　　编制人:

(二) 填表说明

管理费用预算表在管理费用测算表的基础上分析、汇总填列,为了简化项目类别将混合管理费用分为变动和固定两部分,分别列入变动费用项目和固定费用项目,年度预算要细化到季度或月度。各项目释义及填写方法如下:

(1) 费用编码:填写预算数据库中的管理费用明细项目编码。

(2) 费用名称:填写财务部规定的费用标准名称。

(3) 固定费用:费用总额不随业务量变化而变化的费用。

(4) 管理人员薪酬:填写企业支付给职能部门员工的各种形式的报酬以及其他相关支出,包括工资、奖金、津贴、补贴、职工福利费、医疗保险费、养老保险费、失业保险费、工伤保险费、住房公积金、工会经费、职工教育经费、非货币性福利、辞退福利等支出。

(5)固定资产折旧:填写公司行政管理部门使用或控制的固定资产应计提的折旧费用。

(6)无形资产摊销:填写预算期内在管理费用中列支的无形资产摊销费。

(7)财产保险费:填写管理部门使用资产的保险费及公司缴纳的环境污染保险费等费用。

(8)低值易耗品摊销:填写公司管理部门在日常管理工作过程中消耗的不作为固定资产管理和核算的器具、仪器仪表、安全器材、IT用品、管理用具等单项价值较高的物品。

(9)固定费用小计:对分类为固定费用的项目进行合计。

(10)变动费用:费用总额随业务量变化而变化的费用。

(11)办公费:填写管理部门使用的文具、纸张、印刷品等费用。

(12)计算机耗材:填写管理部门计算机耗用的打印纸、鼠标垫、墨盒、硒鼓、碳粉等物料费用。

(13)邮电通信费:填写管理部门发生的邮资费、快件费、电话费、上网费等费用。

(14)水电汽费:填写管理部门耗用的水电和蒸汽费用。

(15)差旅费:填写管理部门人员因公出差产生的交通费、住宿费、伙食补助等各项费用支出。

(16)业务招待费:填写企业日常经营活动中发生的应酬费用。

(17)会议费:填写公司管理部门组织或参加会议发生的各项费用。

(18)修理费:填写管理部门修理固定资产、低值易耗品等所需支付的费用。

(19)车辆费:填写管理部门商务汽车使用和保养方面的各项支出,包括车辆保险费、车辆停车费、车辆维修费、车辆燃油费、车辆通行费等。

(20)绿化费:填写企业对办公区、厂区、矿区进行绿化而发生的费用。

(21)董事会费:填写企业董事会及其成员为执行职权而发生的各项费用,包括成员津贴、差旅费、办公费、会议费等。

(22)咨询费:填写企业向有关机构咨询生产技术、经营管理所支付的费用,或支付企业经济顾问、法律顾问、技术顾问的费用。

(23)审计费:填写企业聘请中介机构进行查账、年度审计以及资产评估等所发生的审计费用。

(24)其他:填写公司发生的不能归属于上述费用分类中的其他管理费用支出。

(25)变动费用小计:对分类为变动费用的项目的金额进行合计。

(26)合计:纵向对以金额为计量单位的项目的金额进行合计,横向将四个季度发生的费用金额进行合计。

第二节 研发支出预算

一、定义

研发支出预算是预算期内企业为开发新技术、新产品、新工艺所发生的研究开发费用的预算,主要内容包括研发物料消耗预算、研发项目成本预算、研发支出预算等。

研发活动从广义上讲是一种投资行为,但与一般投资活动相比具有更大的收益不确定性和风险性,因而将研发支出预算归为期间费用预算。

二、编制部门

研发支出预算是由研发部负责编制,财务部予以协助。

三、编制依据

研发支出预算的编制依据如表5-6所示。

表5-6 编制依据

序号	资料名称	资料说明	提供部门
1	研究项目计划书	预算期内企业已批准或拟批准研究项目计划书	研发部
2	开发项目计划书	预算期内企业已批准或拟批准开发项目计划书	研发部
3	研发项目成本计划	预算期内研发部研发项目材料、人工和费用支出计划	研发部
4	部门业务活动计划	预算期内企业研发部的业务活动计划	研发部
5	委托(合作)研发合同	预算期内企业已签署的委托或合作研发项目合同	研发部
6	研发项目物料耗用计划	预算期内研发部开展研发项目所需的各种物料耗用计划	研发部
7	物料预算价格	企业核准的预算期内各种物料的内部核算价格	财务部
8	费用定额与标准	预算期内企业核定的费用定额及开支标准	财务部
9	固定资产折旧预算	预算期内企业计提固定资产折旧额的预算	财务部
10	无形资产摊销预算	预算期内企业计提无形资产摊销的预算	财务部
11	职工薪酬计提预算	预算期内企业计提应付职工薪酬的预算	人力资源部

四、编制流程

(一)编制流程图

研发支出预算编制流程图如图5-2所示。

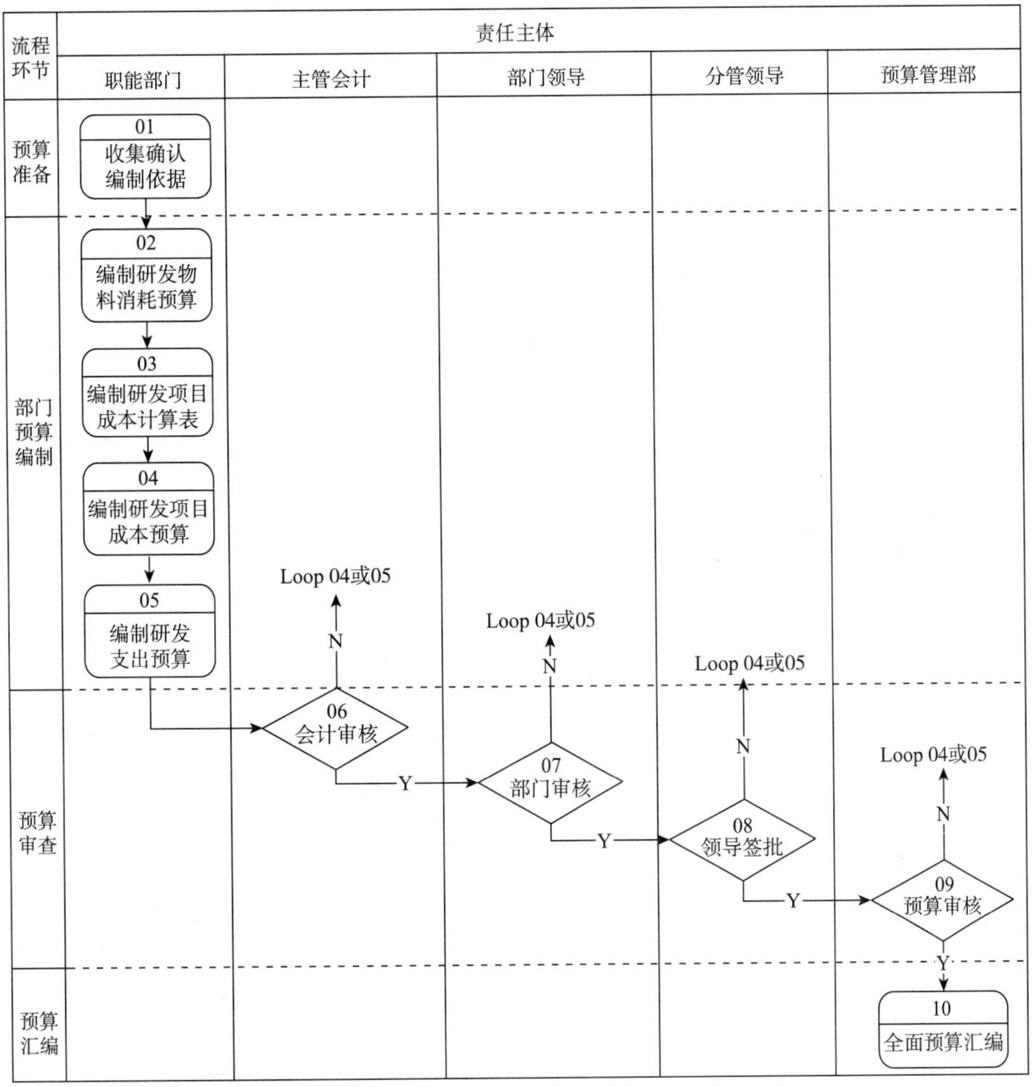

流程环节	责任主体				
	职能部门	主管会计	部门领导	分管领导	预算管理部
预算准备	01 收集确认编制依据				
部门预算编制	02 编制研发物料消耗预算 03 编制研发项目成本计算表 04 编制研发项目成本预算 05 编制研发支出预算				
预算审查		06 会计审核 (N→Loop 04或05; Y→)	07 部门审核 (N→Loop 04或05; Y→)	08 领导签批 (N→Loop 04或05; Y→)	09 预算审核 (N→Loop 04或05; Y↓)
预算汇编					10 全面预算汇编

图 5-2 研发支出预算编制流程图

（二）编制流程说明

研发支出预算的编制流程说明如表 5-7 所示。

表 5-7 编制流程说明

编号	活动名称	责任主体	活动要点	输出成果
01	收集确认编制依据	研发部	（1）收集研究项目计划书、开发项目计划书、部门业务活动计划、委托（合作）研发合同、研发项目物料耗用计划等资料 （2）确认预算编制依据收集齐全、内容准确无误	预算编制所需的全部编制依据

（续表）

编号	活动名称	责任主体	活动要点	输出成果
02	编制研发物料消耗预算	研发部	以研发项目计划书、研发项目物料耗用计划和物料预算价格等资料为依据，编制研发物料消耗预算	研发物料消耗预算
03	编制研发项目成本计算表	研发部	根据研发项目计划书、研发项目成本计划、研发项目物料耗用计划、固定资产折旧预算、无形资产摊销预算、职工薪酬计提预算等资料，编制预算期有关研发项目试验、试生产的成本计算表	研发项目成本计算表
04	编制研发项目成本预算	研发部	在研发项目成本计算表的基础上汇总编制研发项目成本预算表	研发项目成本预算表
05	编制研发支出预算	研发部	根据研究项目计划书、开发项目计划书、研发项目成本计算表、研发项目成本预算汇总表、固定资产折旧预算、无形资产摊销预算、职工薪酬计提预算等资料，编制预算期研发支出预算	研发支出预算
06	会计审核	主管会计	主要审核研发支出预算的编制依据是否充分，预算项目运用是否恰当，数据计算是否准确等内容。	会计审核后的预算
07	部门审核	部门领导	审核、确认研发支出预算	部门领导审核后的预算
08	领导签批	分管领导	公司分管研发的领导签批研发支出预算	领导签批后的预算
09	预算审核	预算管理部	预算管理部会同有关部门审查、评议职能部门上报的预算，向各部门下达《预算调整意见书》；职能部门根据调整意见，对预算进行修改和完善	审核通过的部门预算
10	全面预算汇编	预算管理部	审核通过的预算纳入公司全面预算汇编流程	—

五、编制研发物料消耗预算

（一）研发物料消耗预算表

研发物料消耗预算表格式如表5-8所示。

表 5-8 2021 年研发物料消耗预算表

编制部门：　　　　　　　　编制时间：　　年　　月　　日
研发项目：　　　　项目负责人：　　　　　　　　　　　　　　　金额单位：元

物料类别	物料编码	物料名称	规格型号	计量单位	预算单价	1季度		2季度		3季度		4季度		全年合计	
						消耗总量	物料成本	消耗总量	物料成本	消耗总量	物料成本	消耗总量	物料成本	消耗总量	物料成本
直接材料															
燃料及动力															
合计	—	—	—	—		—		—		—		—			

预算管理部：　　　　分管领导：　　　　部门领导：　　　　主管会计：　　　　编制人：

（二）填表说明

研发物料消耗预算表按照一个研发项目填制一张表的原则计算填列，年度预算细化到季度或月度，月度预算可细化到每周。各项目释义及填写方法如下：

（1）研发项目：填写研发项目的名称。

（2）项目负责人：填写研发项目的具体负责人。

（3）直接材料：直接用于研发项目的原料、主要材料、外购半成品、辅助材料等，表中直接材料类物料的金额要进行小计。

（4）燃料及动力：直接用于研发项目的外购或自制的燃料及动力，包括固体燃料、液体燃料、气体燃料、电力、风力、蒸汽等，表中燃料及动力类物料的金额要进行小计。

（5）物料编码：填写预算数据库中的物料编码。

（6）物料名称：填写符合国家标准的物料名称。

（7）规格型号：规格指表示物料性能的某些主要指标，如成分、含量、纯度、强度、尺寸、色泽等；型号指表示物料规格集合的"名称"或"代码"。

（8）计量单位：填写符合国家标准的长度单位、面积单位、体积单位、容积单位、质量单位、数量单位等，既可以用名称，也可以用符号，但必须保持一致。

（9）预算单价：物料预算价格，填写经企业核准的预算期内各种物料的内部核算价格。

（10）消耗总量：填写按照研发项目计划预计的预算期内研发项目耗用某种物料的总数量。

（11）物料成本：填写按照公式"物料成本＝预算单价×消耗总量"计算的某种物料耗用的总成本。

(12) 合计:横向各季度的"消耗总量""物料成本"需每年度进行合计,纵向只合计"物料成本"项目的金额,其他项目不需要合计。

六、编制研发项目成本计算表

(一) 研发项目成本计算表

研发项目成本计算表的格式如表5-9所示。

表5-9　2021年研发项目成本计算表

编制部门：　　　　　　　编制时间：　　年　　月　　日
研发项目：　　　　项目负责人：　　　　　　　　　　　金额单位:元

成本项目	成本支出				全年合计
	1季度	2季度	3季度	4季度	
1. 直接材料					
2. 燃料及动力					
3. 直接人工					
4. 固定资产折旧费					
5. 研发活动租赁费					
6. 无形资产摊销费					
6.1 软件					
6.2 专利权					
6.3 非专利技术					
7. 工装开发与模具费					
7.1 模具费					
7.2 装备费					
8. 其他费用					
8.1 测试化验费					
8.2 装备调试费					
8.3 其他					
合计	—	—	—	—	

(二) 填表说明

研发项目成本计算表是根据研发项目成本计划、研发物料消耗预算、固定资产折旧预算、无形资产摊销预算、职工薪酬计提预算等资料编制的研发项目试验、试生产等的预测成本支出。该表按照一个研发项目填制一张表的原则计算填列,年度预算要细化到季度或月度。各项目释义及填写方法如下：

(1) 研发项目:填写研发项目的名称。

(2) 项目负责人:填写研发项目的具体负责人。

(3) 直接材料:填写研发物料消耗预算中相应栏次的直接材料消耗总成本。

(4) 燃料及动力:填写研发物料消耗预算中相应栏次的燃料及动力消耗总成本。

(5) 直接人工:填写预算期内直接参加研发活动的人工费用,含薪金、津贴、补贴、奖金和其他工资性支出。

(6) 固定资产折旧费:填写用于研发活动的仪器、设备的折旧费。

(7) 研发活动租赁费:填写用于研发活动的仪器、设备的租赁费。

(8) 无形资产摊销费:填写用于研发活动的软件、专利权、非专利技术等无形资产的摊销费用。

(9) 工装开发与模具费:填写用于中间试验和产品试制的模具、工艺装备开发及制造费。

(10) 其他费用:填写用于研发活动的测试化验费、装备调试费等费用。

(11) 成本支出:填写预算期内研发项目的料工费成本,根据研发物料消耗预算、固定资产折旧预算、无形资产摊销预算、职工薪酬计提预算等资料计算填列。

(12) 合计:横向和纵向金额项目的金额均需合计。

七、编制研发项目成本预算

(一) 研发项目成本预算表

研发项目成本预算表的格式如表 5-10 所示。

表 5-10　2021 年研发项目成本预算表

编制部门:　　　　　编制时间:　　年　月　日　　　　　　　　金额单位:元

项目编码	项目名称	直接材料	燃料及动力	直接人工	折旧费	租赁费	无形资产摊销	工装模具	其他费用	总成本
	合计		—							

预算管理部:　　　　分管领导:　　　　部门领导:　　　　主管会计:　　　　编制人:

(二) 填表说明

研发项目成本预算表在研发项目成本计算表的基础上汇总编制,按照一个研发项目填制一行的原则填列,年度预算要细化到季度或月度。各项目释义及填写方法如下:

(1) 项目编码:填写预算数据库中的研发项目编码。

(2) 项目名称:填写研发项目名称。

(3) 直接材料:填写各个研发项目成本计算表中的直接材料项目汇总金额。

(4) 燃料及动力:填写各个研发项目成本计算表中的燃料及动力项目汇总金额。

(5) 直接人工:填写各个研发项目成本计算表中的直接人工项目汇总金额。

(6) 折旧费:填写各个研发项目成本计算表中的固定资产折旧费项目汇总金额。

(7) 租赁费:填写各个研发项目成本计算表中的研发活动租赁费项目汇总金额。

(8) 无形资产摊销:填写各个研发项目成本计算表中的无形资产摊销费项目汇总金额。

(9) 工装模具:填写各个研发项目成本计算表中的工装开发与模具费项目汇总金额。

(10) 其他费用:填写各个研发项目成本计算表中的其他费用项目汇总金额。

(11) 合计:横向和纵向金额项目的金额均需合计。

八、编制研发支出预算

(一) 编制研发支出预算表

研发支出预算表的格式如表 5-11 所示。

表 5-11　2021 年研发支出预算表

编制部门:　　　　　　　编制时间:　　年　　月　　日　　　　　　金额单位:元

费用项目	期初余额	全年预算				期末余额
		费用化	资本化	支出合计	结转无形资产	
1. 直接材料						
2. 燃料及动力						
3. 直接人工						
4. 固定资产折旧费						
5. 研发活动租赁费						
6. 无形资产摊销费						
6.1 软件						
6.2 专利权						
6.3 非专利技术						
7. 工装开发与模具费						
7.1 模具费						
7.2 装备费						
8. 其他费用						
8.1 测试化验费						
8.2 装备调试费						
8.3 其他						

金额单位：元（续表）

费用项目	期初余额	全年预算				期末余额
		费用化	资本化	支出合计	结转无形资产	
9. 研发成果论证/鉴定/评审/验收费用						
10. 与研发活动直接相关的其他费用						
10.1 研发设计费						
10.2 新工艺规程制定费						
10.3 委托外部研究开发费						
10.4 外部专家咨询费						
10.5 技术图书资料费						
10.6 资料翻译费						
10.7 办公费						
10.8 差旅费						
10.9 会议费						
10.10 其他						
合计						

预算管理部： 　分管领导： 　部门领导： 　主管会计： 　编制人：

（二）填表说明

研发支出预算在研发项目成本预算表、研发部门业务活动计划、委托（合作）研发合同和费用定额与标准等资料的基础上编制，年度预算要细化到季度或月度。各项目释义及填写方法如下：

（1）直接材料、燃料及动力、直接人工、固定资产折旧费、研发活动租赁费、无形资产摊销费、工装开发与模具费和其他费用等八个项目的预算期支出合计金额与研发项目成本预算表的合计金额相同。

（2）研发成果论证/鉴定/评审/验收费用：填写研发成果的论证、评审、验收等费用。

（3）与研发活动直接相关的其他费用：填写研发活动发生的设计费、新工艺规程制定费、委托外部研究开发费、外部专家咨询费、技术图书资料费、资料翻译费、办公费、差旅费、会议费和其他研发费用。

（4）期初余额：填写研发支出科目的预算期期初余额。由于研发活动发生的不满足资本化条件的支出已经在预算期内计入研发费用，所以研发支出科目的期初余额均为资本化支出。

（5）费用化：费用化支出，填写预算期内研发活动发生的不满足资本化条件的支出金额。其中，研究阶段的支出，应当于发生当期归集后计入研发费用；开发阶段的支出符合资本化条件的可以确认为无形资产,即资本化,不满足资本化条件的支出计入研发费用。

(6) 资本化:资本化支出,填写预算期内符合资本化条件的开发活动支出。

(7) 支出合计:填写预算期内研发活动费用化支出和资本化支出的合计金额。

(8) 结转无形资产:填写预算期内达到预定用途形成无形资产的资本化支出金额,包括预算期初的研发支出余额。

(9) 期末余额:填写研发支出科目的预算期期末余额,按照公式"期末余额=期初余额+预算期资本化支出-结转无形资产"计算填列。

(10) 合计:横向和纵向金额项目的金额均需合计。

第三节 财务费用预算

一、定义

财务费用预算是预算期内企业为筹集生产经营所需资金等而发生的各项费用的预算,主要内容包括利息支出、利息收入、汇兑损益、金融机构手续费、发生的现金折扣或收到的现金折扣等。

二、编制部门

财务费用预算由财务部负责编制,销售部和采购部予以协助。

三、编制依据

财务费用预算的编制依据如表5-12所示。

表 5-12 编制依据

序号	资料名称	资料说明	提供部门
1	银行借款计划	预算期内企业各项生产经营资金借款、还款的计划	财务部
2	企业债券计划	预算期内企业生产经营发行债券及增减变动的计划	财务部
3	承兑汇票贴现计划	预算期内企业在银行办理承兑汇票贴现时间与金额的计划	财务部
4	承兑汇票计划	预算期内企业从银行开具承兑汇票时间与金额的计划	财务部
5	银行存款计划	预算期内企业在银行日常存款的计划	财务部
6	外币银行存款计划	预算期内外币银行存款期初余额及增减变动计划	财务部
7	外币应收账款计划	预算期内外币应收账款期初余额及增减变动计划	财务部
8	资金筹措预算	预算期内企业通过金融机构、资本市场筹集经营资金的预算	财务部

（续表）

序号	资料名称	资料说明	提供部门
9	汇率预测报告	通过外汇市场分析做出的预算期内汇率预判报告	财务部
10	现金折扣政策	企业制定的客户因提前还款所享受的现金折扣政策和供应商制定的客户因提前还款所享受的现金折扣政策	财务部
11	付出现金折扣计划	预算期内客户享受本企业现金折扣的计划	销售部
12	收到现金折扣计划	预算期内本企业享受供应商现金折扣的计划	采购部

四、编制流程

（一）编制流程图

财务费用预算编制流程图如图 5-3 所示。

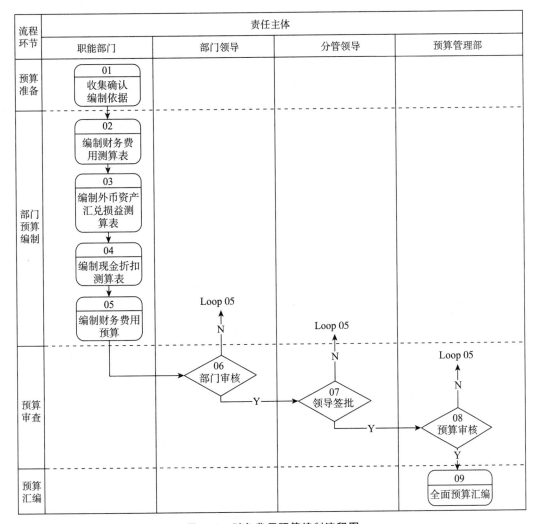

图 5-3　财务费用预算编制流程图

(二) 编制流程说明

财务费用预算的编制流程说明如表 5-13 所示。

表 5-13 编制流程说明

编号	活动名称	责任主体	活动要点	输出成果
01	收集确认编制依据	职能部门	(1) 收集银行借款计划、企业债券计划、承兑汇票贴现计划、承兑汇票计划、银行存款计划等资料 (2) 确认预算编制依据收集齐全、内容准确无误	预算编制所需的全部编制依据
02	编制财务费用测算表	职能部门	根据银行借款计划、企业债券计划、承兑汇票贴现计划、承兑汇票计划、银行存款计划等资料，测算预算期财务费用的发生额	财务费用测算表
03	编制外币资产汇兑损益测算表	职能部门	根据"本期汇兑损益=期末汇率折算期末余额-期初汇率折算期末余额"的计算公式，以外币资产项目为对象，逐笔测算每个项目在预算期内的汇兑损益	外币资产汇兑损益测算表
04	编制现金折扣测算表	职能部门	测算预算期内企业应收账款付出的现金折扣（销货折扣）和应付账款收到的现金折扣（购货折扣）	现金折扣测算表
05	编制财务费用预算	职能部门	根据财务费用测算表、外币资产汇兑损益测算表等资料，编制财务费用预算	财务费用预算
06	部门审核	部门领导	审核、确认资金主管编制的财务费用预算	审核后的预算
07	领导签批	分管领导	公司分管财务的领导签批财务费用预算	领导签批后的预算
08	预算审核	预算管理部	预算管理部会同有关部门审查、评议职能部门上报的预算，向各部门下达《预算调整意见书》；职能部门根据调整意见，对预算进行修改和完善	审核通过的部门预算
09	全面预算汇编	预算管理部	审核通过的预算纳入公司全面预算汇编流程	—

五、编制利息收入测算表

（一）利息收入测算表

利息收入测算表的格式如表 5-14 所示。

表 5-14　2021 年利息收入测算表

编制部门：　　　　　　编制时间：　　年　　月　　日　　　　　　金额单位：元

序号	存款账户或收息资产	存款类型	利率	1 季度		2 季度		3 季度		4 季度		利息收入全年合计
				平均余额	利息收入	平均余额	利息收入	平均余额	利息收入	平均余额	利息收入	
合计		—	—									

（二）填表说明

利息收入测算表主要测算预算期内企业的存款利息、贷款利息、欠款利息等收入，其中，银行存款利息要按存款账户单项列式，年度预算要细化到季度或月度。各项目释义及填写方法如下：

（1）存款账户或收息资产：填写银行存款账户或其他收息资产名称。

（2）存款类型：填写存款期限或种类，如活期存款、定活两便存款、定期存款等。

（3）利率：填写存款或其他收息资产的利息率（利率根据计量的期限标准不同，表示方法有年利率、月利率、日利率），其中，活期存款根据银行规定的存款利率进行填写，定期存款根据企业与银行签订的相关合同约定的利率或者预期利率进行填写。

（4）平均余额：活期存款填写日均存款余额（日均存款余额＝存款总额／存款天数），定期存款填写存款金额。

（5）利息收入：填写根据公式"利息收入＝平均余额×利率×计息期"计算的预算期的利息收入。

（6）合计：纵向的平均余额、利息收入项目都需要合计金额，横向要将四个季度的利息收入进行合计。

六、编制利息支出测算表

(一)利息支出测算表

利息支出测算表的格式如表 5-15 所示。

表 5-15　2021 年利息支出测算表

编制部门:　　　　　编制时间:　　年　月　日　　　　　金额单位:元

序号	付息项目	合同号	利率或贴现率	1 季度		2 季度		3 季度		4 季度		利息支出全年合计
				计息依据	利息支出	计息依据	利息支出	计息依据	利息支出	计息依据	利息支出	
合计		—	—	—		—		—		—		

(二)填表说明

利息支出测算表主要测算预算期内企业短期借款利息、长期借款利息、带息票据利息、票据贴现利息和应付债券利息等利息支出,年度预算细化到季度或月度。各项目释义及填写方法如下:

(1)付息项目:填写计算利息支出的具体业务名称,例如短期借款、长期借款、带息票据、票据贴现、应付债券等。

(2)合同号:填写企业短期借款、长期借款、应付债券等债务事项合同号。

(3)利率或贴现率:填写企业短期借款、长期借款、应付债券、带息票据的利息率(利率根据计量的期限标准不同,表示方法有年利率、月利率、日利率)以及应收票据的贴现率。

(4)计息依据:填写据以计算付息项目利息支出的直接数量依据,例如借款金额、带息票据票面金额等。

(5)利息支出:填写根据公式"利息支出=计息依据×利率×计息期"和"贴现利息=票面金额×贴现率×贴现期"计算的利息支出额。

(6)合计:纵向和横向的金额项目均需合计金额。

七、编制筹资手续费测算表

(一) 筹资手续费测算表

筹资手续费测算表的格式如表 5-16 所示。

表 5-16 2021 年筹资手续费测算表

编制部门： 编制时间： 年 月 日 金额单位：元

序号	计费项目	计费率	1 季度		2 季度		3 季度		4 季度		费用金额全年合计
			计费依据	费用金额	计费依据	费用金额	计费依据	费用金额	计费依据	费用金额	
	合计	—	—		—		—		—		

(二) 填表说明

筹资手续费测算表主要测算预算期内企业为筹集生产经营所需资金而发生的手续费支出,例如发行债券所需支付的手续费(资本化的手续费除外)、开出商业汇票的银行手续费、调剂外汇手续费等。年度预算要细化到季度或月度。各项目释义及填写方法如下：

(1) 计费项目：填写计算手续费支出的具体业务名称,例如商业汇票、调剂外汇等。

(2) 计费率：填写开具银行承兑汇票、调剂外汇所需支付给金融机构的手续费标准。

(3) 计费依据：填写据以计算计费项目手续费支出的直接数量依据,例如银行承兑汇票面值、调汇金额等。

(4) 费用金额：填写根据公式"费用金额 = 计费依据×计费率"计算的金融机构手续费。

(5) 合计：纵向和横向的金额项目均需合计金额。

八、编制汇兑损益测算表

(一) 汇兑损益测算表格式

汇兑损益测算表的格式如表 5-17 所示。

表 5-17 2021 年汇兑损益测算表

编制部门：　　　　　　编制时间：　　年　月　日　　　　　　　金额单位：元

项目名称	原币种类	期初余额			本期增加			本期减少			期末余额		期末汇率	折算记账本位币	汇兑损益
		原币金额	期初汇率	记账本位币金额	原币金额	折算汇率	记账本位币金额	原币金额	折算汇率	记账本位币金额	原币金额	记账本位币金额			
合计	—	—		—		—			—				—		

（二）填表说明

汇兑损益测算表主要测算预算期内企业在各种外币业务（银行存款、应收账款、应付账款等）的会计处理过程中，因采用不同的汇率而产生的会计记账本位币金额的差异。年度预算需细化到季度或月度。各项目释义及填写方法如下：

（1）项目名称：填写企业以外币核算的资产和负债科目。

（2）原币种类：填写外币种类，例如美元、欧元、英镑、日元等。

（3）期初余额：填写外币资产和负债科目预算期期初的原币金额、汇率和折算成记账本位币的金额。

（4）本期增加：填写外币资产和负债科目在预算期内增加的原币金额、汇率和折算成记账本位币的金额。

（5）本期减少：填写外币资产和负债科目在预算期内减少的原币金额、汇率和折算成记账本位币的金额。

（6）期末余额：填写根据公式"期末余额＝期初余额＋本期增加－本期减少"计算的期末原币金额和记账本位币金额。

（7）期末汇率：填写预计预算期资产负债表日的汇率中间价。

（8）折算记账本位币：填写根据公式"折算记账本位币＝原币期末余额×期末汇率"计算的记账本位币金额。

（9）汇兑损益：填写根据公式"汇兑损益＝期末记账本位币金额－折算记账本位币"计算的预算期汇兑损益。

（10）合计：纵向记账本位币金额、折算记账本位币和汇兑损益需要合计。

九、编制现金折扣测算表

(一) 现金折扣测算表

现金折扣测算表的格式如表 5-18 所示。

表 5-18　2021 年现金折扣测算表

编制部门：　　　　　　编制时间：　年　月　日　　　　　　金额单位：元

折扣类别	折扣事项	1 季度			2 季度			3 季度			4 季度			现金折扣合计
		折扣依据	折扣率	现金折扣	折扣依据	折扣率	现金折扣	折扣依据	折扣率	现金折扣	折扣依据	折扣率	现金折扣	
付出现金折扣														
收到现金折扣														
	合计		—	—		—	—		—	—		—	—	

(二) 填表说明

现金折扣测算表主要测算预算期内企业应收账款付出的现金折扣（销货折扣）和应付账款收到的现金折扣（购货折扣），其中应付账款（采购方）收到的现金折扣在测算表中用"负数"填列。年度预算需细化到季度或月度。各项目释义及填写方法如下：

（1）折扣类别：付出现金折扣是指由于客户提前支付账款而由本企业付出的现金折扣；收到现金折扣是指由于本企业提前支付账款而收到的供应商支付的现金折扣。

（2）折扣事项：填写预算期内预计发生现金折扣或收到现金折扣的具体应收账款或应付账款。

（3）折扣依据：填写预算期内预计客户提前还款的金额和本企业提前向供应商还款的金额。

（4）折扣率：填写预算期内客户的现金折扣率和本企业的现金折扣率。

（5）现金折扣：填写根据公式"现金折扣=折扣依据×折扣率"计算的现金折扣金额，不同的还款期间对应不同的现金折扣率，以保证还款期限与现金折扣率一一对应。

（6）合计：纵向现金折扣项目进行合计，横向四个季度发生的现金折扣进行合计。

十、编制财务费用预算

(一)财务费用预算表

财务费用预算表的格式如表 5-19 所示。

表 5-19 2021 年财务费用预算表

编制部门:　　　　　　编制时间:　　年　　月　　日　　　　　　金额单位:元

费用编码	费用名称	1 季度	2 季度	3 季度	4 季度	全年合计
	利息支出					
	减:利息收入					
	手续费					
	汇兑损益					
	现金折扣					
	其他					
合计	—					

预算管理部:　　　　分管领导:　　　　部门领导:　　　　主管会计:　　　　编制人:

(二)填表说明

财务费用预算表在各项财务费用测算表的基础上分析、汇总填列,年度预算需细化到季度或月度。各项目释义及填写方法如下:

(1)费用编码:填写预算数据库中的财务费用明细项目编码。

(2)利息支出:企业短期借款利息、长期借款利息、应付票据利息、票据贴现利息、应付债券利息以及长期应付引进国外设备款利息等的利息支出(除资本化的利息外)。

(3)利息收入:企业银行存款、贷款等的利息收入。

(4)手续费:企业发行债券所需支付的手续费(需资本化的手续费除外)、开出汇票的银行手续费、调剂外汇手续费等。

(5)汇兑损益:企业因向银行出售或购入外汇而产生的银行买入、卖出价与记账所采用的汇率之间的差额,以及月度(季度、年度)终了,各种外币账户的外币期末余额按照期末规定汇率折合的记账人民币金额与原账面人民币金额之间的差额等。

(6)现金折扣:企业为了鼓励客户在一定期限内早日支付货款而给予客户的折扣优惠,对于销售企业而言称为销货折扣,对于购货企业而言称为购货折扣。

(7)其他:其他为筹集生产经营资金而发生的筹资费用。在银行结算过程中支付的手续费,例如办理汇款支付的手续费、邮电费、购买空白支票、信汇单、汇票等所支付的工本费、手续费等不属于企业筹资行为所发生的费用,所以不属于财务费用。

（8）费用名称：填写财务部规定的财务费用明细项目标准名称。

（9）费用金额：填写财务费用发生的具体期间和金额，可根据财务费用测算表数据填列。

（10）合计：纵向对以金额为计量单位的项目的金额进行合计，横向将四个季度发生的费用金额进行合计。

第四节 费用资金支付预算

一、定义

费用资金支付预算是预算期内管理费用、研发支出和财务费用所需支付资金的预算。这里所说的"资金"是指企业向收款方支付的现金、银行汇票、银行本票、商业汇票、汇兑、汇款、信用证等，主要内容包括支付科目、支付内容概要、责任主体、支付时间、结算方式与结算金额等。

二、编制部门

费用资金支付预算由各职能部门负责编制，财务部予以协助。

三、编制依据

费用资金支付预算的编制依据如表5-20所示。

表5-20 编制依据

序号	资料名称	资料说明	提供部门
1	管理费用预算	预算期内企业为组织和管理生产经营活动所发生的各项费用预算	职能部门
2	研发支出预算	预算期内企业为开发新技术、新产品、新工艺所发生的研发支出预算	研发部
3	财务费用预算	预算期内企业为筹集生产经营所需资金等而发生的各项费用预算	财务部
4	应付款清单	费用支出业务已在上期发生，需要在预算期支付资金的款项清单	职能部门
5	资金结算方式	付款方与收款方对有关资金支付业务在具体结算方式上的约定	职能部门

四、编制流程

(一) 编制流程图

费用资金支付预算编制流程图如图 5-4 所示。

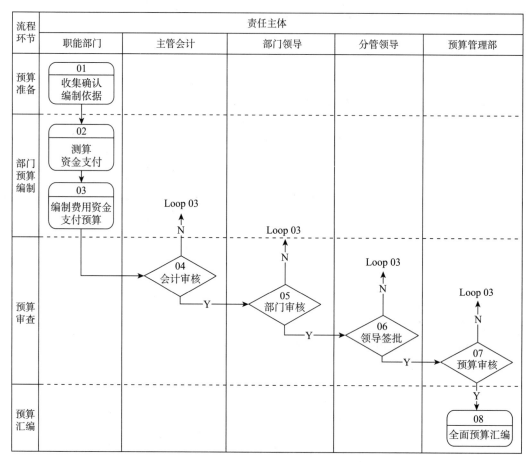

图 5-4 费用资金支付预算编制流程图

(二) 编制流程说明

费用资金支付预算的编制流程说明如表 5-21 所示。

表 5-21 编制流程说明

编号	活动名称	责任主体	活动要点	输出成果
01	收集确认编制依据	职能部门	(1) 收集管理费用预算、研发支出预算、财务费用预算、应付款清单、资金结算方式等资料 (2) 确认预算编制依据收集齐全、内容准确无误	预算编制所需的全部编制依据

（续表）

编号	活动名称	责任主体	活动要点	输出成果
02	测算资金支付	职能部门	根据管理费用预算、研发支出预算、财务费用预算、应付款清单、资金结算方式等资料，逐项、逐笔确定各项业务的内容和结算方式，测算资金支付金额	费用资金支付测算表
03	编制费用资金支付预算	职能部门	以费用资金支付测算表为依据计算编制	费用资金支付预算
04	会计审核	主管会计	主要审核费用资金支付预算的准确性和合理性	会计审核后的预算
05	部门审核	部门领导	部门领导审核预算，确认预算的准确性与可行性	部门领导审核后的预算
06	领导签批	分管领导	公司分管领导签批费用资金支付预算	领导签批后的预算
07	预算审核	预算管理部	预算管理部会同有关部门审查、评议职能部门上报的预算，向各部门下达《预算调整意见书》；职能部门根据调整意见，对预算进行修改和完善	审核通过的部门预算
08	全面预算汇编	预算管理部	审核通过的预算纳入公司全面预算汇编流程	—

五、编制费用资金支付测算表

（一）费用资金支付测算表

费用资金支付测算表的格式如表5-22所示。

表5-22 2021年费用资金支付测算表

编制部门： 编制时间： 年 月 日 金额单位：元

科目编码	支付科目	支付内容	责任主体	1季度			2季度			3季度			4季度			全年合计		
				本期支付	结算方式		本期支付	结算方式		本期支付	结算方式		本期支付	结算方式		本期支付	结算方式	
					现款	承兑		现款	承兑		现款	承兑		现款	承兑		现款	承兑
合计	—	—																

（二）填表说明

费用资金支付测算表分部门编制，按照每笔资金支付活动填写一行的规则填列。各项目释义及填写方法如下：

（1）科目编码：填写预算数据库中资金支付事项的科目编码。

（2）支付科目：填写资金支付事项的科目名称。

（3）支付内容：填写资金支付事项的基本内容。

（4）责任主体：填写承办此项资金支付事项的业务部门或经办人。

（5）本期支付：填写预算期内支付的资金数额。

（6）结算方式：资金支付的具体结算方式和金额，主要包括银行汇票、银行本票、商业汇票、汇兑、托收承付、汇款、信用证等结算方式。为了简化，本书设计为现款和承兑两种结算方式，其中承兑是指商业汇票，现款是指除商业汇票之外的其他结算方式，现款和承兑的合计金额等于"本期支付"金额。

（7）合计：纵向对以金额为计量单位的项目金额进行合计，横向对四个季度资金支付的金额进行合计。

六、编制费用资金支付预算

（一）费用资金支付预算表

费用资金支付预算表的格式如表5-23所示。

表5-23　2021年费用资金支付预算表

编制部门：　　　　　　　　编制时间：　　年　月　日　　　　　　　金额单位：元

科目编码	支付科目	1季度			2季度			3季度			4季度			全年合计		
		本期支付	现款	承兑	本期支付	现款	承兑	本期支付	现款	承兑	本期支付	现款	承兑	本期支付	现款	承兑
合计	—															

预算管理部：　　　分管领导：　　　部门领导：　　　主管会计：　　　编制人：

（二）填表说明

费用资金支付预算表在费用资金支付测算表的基础上汇总填列，填列原则是每个资金支付科目汇总填列一行。年度预算要细化到季度或月度，月度预算可细化到每周。各项目释义及填写方法如下：

（1）科目编码：填写预算数据库中资金支付事项的科目编码。

（2）支付科目：填写资金支付事项的科目名称。

（3）本期支付：填写预算期内支付的资金数额，根据费用资金支付测算表（表5-22）分析、汇总填列，支付总额与费用资金支付测算表中的本期支付总额一致。

（4）结算方式：资金支付的具体结算方式和金额，其中承兑是指商业汇票，现款是指除商业汇票之外的其他结算方式。根据费用资金支付测算表（表5-22）分析、汇总填列，现款和承兑合计金额要等于本期支付金额。

（5）合计：纵向对以金额为计量单位的项目的金额进行合计，横向对四个季度支付资金的金额进行合计。

Chapter 6 第六章

存货与采购预算编制

导言： 存货预算包括产品存货预算和材料存货预算；物料采购预算包括直接材料采购预算、其他物料采购预算、物资采购付款与应付账款预算等。存货预算和采购预算编制的基本依据是销售预算和生产预算，因此，存货预算和采购预算的编制一般在销售预算和生产预算编制完成之后进行。

第一节 产品存货预算

一、定义

产品存货预算是预算期内企业各种库存产品出库、入库，以及期初、期末结存的预算，主要内容包括产品名称、规格型号、期初库存、本期入库、本期出库、期末库存等。其中，本期入库是指预算期内完工产品的入库数量和成本，需要依据生产部门的产品成本预算编制；本期出库是指预算期内销售部销售产品的数量和成本，需要依据销售部的销售预算编制。

二、编制部门

产品存货预算由仓储部负责编制，销售部、生产部及财务部予以协助。

三、编制依据

产品存货预算的编制依据如表 6-1 所示。

表 6-1 编制依据

序号	资料名称	资料说明	提供部门
1	产品产量计算表（表 3-3）	该表已将预算期内的产品产量、发货数量、期初与期末的产品库存量全部计算完成	生产部
2	产品成本预算（表 3-19）	预算期内产品成本构成、料工费耗用、产品单位成本和总成本的预算	财务部
3	销售成本预算（表 2-17）	预算期内企业结转产品销售成本或劳务成本的预算	财务部

四、编制流程

（一）编制流程图

产品存货预算编制流程图如图 6-1 所示。

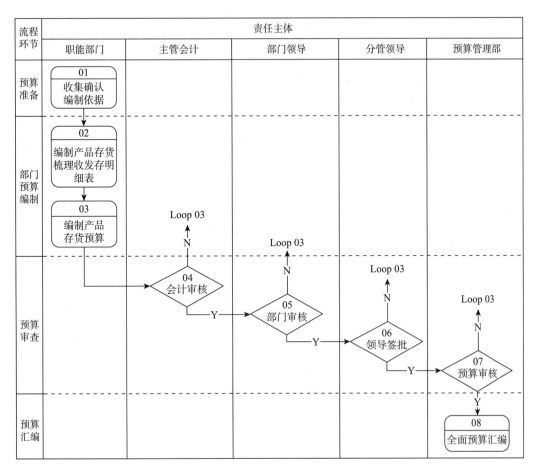

图 6-1 产品存货预算编制流程图

（二）编制流程说明

产品存货预算的编制流程说明如表 6-2 所示。

表 6-2 编制流程说明

编号	活动名称	责任主体	活动要点	输出成果
01	收集确认编制依据	仓储部	（1）收集产品产量计算表、产品成本预算、销售成本预算等资料 （2）确认预算编制依据收集齐全、内容准确无误	预算编制所需的全部编制依据
02	编制产品存货数量收发存明细表	仓储部	根据产品产量计算表等资料编制预算期各种产品入库、出库及期初、期末库存数量明细表	产品存货数量收发存明细表
03	编制产品存货预算	仓储部	根据产品存货数量收发存明细表、产品成本预算、销售成本预算等资料编制产品存货预算	产品存货预算
04	会计审核	主管会计	主要审核期初、期末产品库存是否合理，出入库产品成本数据是否与产品成本预算、销售成本预算核对相符，预算中的数据计算是否正确等内容	会计审核后的预算
05	部门审核	部门领导	仓储部领导审核、确认产品存货预算	部门领导审核后的预算
06	领导签批	分管领导	公司分管仓储的领导签批产品存货预算	领导签批后的预算
07	预算审核	预算管理部	预算管理部会同有关部门审查、评议职能部门上报的预算，向各部门下达《预算调整意见书》；职能部门根据调整意见，对预算进行修改和完善	审核通过的部门预算
08	全面预算汇编	预算管理部	审核通过的预算纳入公司全面预算汇编流程	—

五、编制产品存货数量收发存明细表

（一）产品存货数量收发存明细表

产品存货数量收发存明细表的格式如表 6-3 所示。

表 6-3　2021 年产品存货数量收发存明细表

编制部门：　　　　　　　　　编制时间：　年　月　日

产品编码	产品名称	规格型号	计量单位	1季度				2季度				3季度				4季度				全年合计			
				期初库存	本期入库	本期出库	期末库存	本期入库	本期出库	期末库存	本期入库	本期出库	期末库存	本期入库	本期出库	期末库存	期初库存	本期入库	本期出库	期末库存

（二）填表说明

产品存货数量收发存明细表是编制产品存货预算的基础，编制的细化程度要服从产品存货预算的需要。另外，表 6-3 与第三章的产品产量计算表（表 3-3）的内容一致，因此也可以不编制本表直接使用表 3-3 的数据编制产品存货预算。各项目释义及填写方法如下：

（1）产品编码：填写预算数据库中的产品编码。

（2）产品名称：填写符合国家标准的产品名称。

（3）规格型号：规格指表示产品性能的某些主要指标，如成分、含量、纯度、强度、尺寸、色泽等；型号指表示产品规格集合的"名称"或"代码"。

（4）计量单位：填写符合国家标准的长度单位、面积单位、体积单位、容积单位、质量单位、数量单位等，既可以用名称，也可以用符号，但必须保持一致。

（5）期初库存：填列每种产品在预算期期初的库存数量，需要根据产品库存定额、市场供求关系和生产安排等因素分析确定。

（6）本期入库：填列预算期内每种产品的入库数量，根据产品成本预算中各种产品预算期的完工产量填写。

（7）本期出库：填列预算期内每种产品的出库数量，根据销售成本预算中各种产品预算期的销售数量填写。

（8）期末库存：填列每种产品在预算期期末的库存数量，按照公式"期末库存=期初库存+本期入库-本期出库"计算填列。

（9）合计：该表内容为产品存货的实物量，因此纵向的项目不需要计算合计数，横向期初库存和期末库存分别是第 1 季度的期初库存和第 4 季度的期末库存，本期入库和本期出库由四个季度的入库数量和出库数量合计得出。

六、编制产品存货预算

（一）产品存货预算表

产品存货预算表的格式如表 6-4 所示。

表 6-4　2021 年产品存货预算表

编制部门：　　　　　　编制时间：　　年　月　日　　　　　　　金额单位：元

产品编码	产品名称	规格型号	计量单位	期初库存			本期入库			本期出库			期末库存		
				数量	单位成本	总成本	数量	单位成本	总成本	数量	单位成本	总成本	数量	单位成本	总成本
合计	—	—	—			—			—			—			—

预算管理部：　　　　分管领导：　　　　部门领导：　　　　主管会计：　　　　编制人：

（二）填表说明

产品存货预算表在产品存货数量收发存明细表或产品产量计算表，以及产品成本预算和销售成本预算的基础上编制而成。编制的基本规则如下：以产品为对象填列，一个产品编码填写一行，年度预算需要细化到季度或月度。各项目释义及填写方法如下：

（1）产品编码：填写预算数据库中的产品编码。

（2）产品名称：填写符合国家标准的产品名称。

（3）规格型号：规格指表示产品性能的指标，型号指表示产品规格集合的"名称"或"代码"。

（4）计量单位：填写符合国家标准的长度单位、面积单位、体积单位、容积单位、质量单位、数量单位等，既可以用名称，也可以用符号，但必须保持一致。

（5）期初库存：期初库存产品数量可以从产品存货数量收发存明细表中获得，期初库存产品总成本按照编制预算时的库存产品总成本，加减剩余月份产品的出入库成本后测算得出，单位成本根据公式"单位成本＝总成本÷数量"计算填列。

（6）本期入库：填写每种产品预算期的产品入库数量和成本，根据产品成本预算中相对应的产品产量、单位成本和总成本填写。

（7）本期出库：填写每种产品预算期的产品出库数量和成本，根据销售成本预算中相对应的产品销售数量、单位成本和总成本填写。

(8) 期末库存：填写每种产品预算期期末的库存产品数量和成本，数量和总成本根据公式"期末库存＝期初库存＋本期入库－本期出库"计算填列，单位成本根据公式"单位成本＝总成本÷数量"计算填列。

(9) 合计：纵向的总成本项目需要合计金额，其他项目不需要。

第二节　材料存货预算

一、定义

材料存货预算是预算期内企业各种材料物资出库、入库，以及期初、期末结存的预算，主要内容包括材料名称、规格型号、期初库存、本期入库、本期出库、期末库存等。其中，本期入库是指预算期内采购入库的各种材料物资，需要采购部协助仓储部编制；本期出库是指预算期内生产部及其他部门从仓库领用的材料物资，需要依据生产部及其他部门预算期的材料物资耗用预算编制。

二、编制部门

材料存货预算由仓储部负责编制，采购部、生产部和财务部予以协助。

三、编制依据

材料存货预算的编制依据如表6-5所示。

表6-5　编制依据

序号	资料名称	资料说明	提供部门
1	库存材料期初结存	预算期期初各种材料的库存数量，需要根据各种材料的库存定额和编制预算时库存材料的实际情况合理测算	仓储部
2	直接物料消耗预算	预算期内企业在生产产品和提供劳务过程中所消耗的、直接用于产品生产、构成产品实体或有助于产品形成的主要材料、外购半成品、辅助材料和包装材料等物料的消耗预算，即第三章的物料消耗预算（表3-7）	生产车间
3	其他物料耗用预算	预算期内企业除直接物料消耗之外的其他物料耗用预算，包括销售物料耗用预算（表2-20）、制造费用物料耗用预算（表3-13）、管理费用物料耗用预算（表5-3）、研发物料消耗预算（表5-8）等物料耗用预算	有关部门

（续表）

序号	资料名称	资料说明	提供部门
4	材料存货库存定额	企业核定的预算期内材料存货的最高储备定额和最低储备定额	仓储部
5	采购市场分析报告	预算期内主要材料供求关系、价格走势的市场预测和应对策略报告	采购部

四、编制流程

（一）编制流程图

材料存货预算编制流程图如图6-2所示。

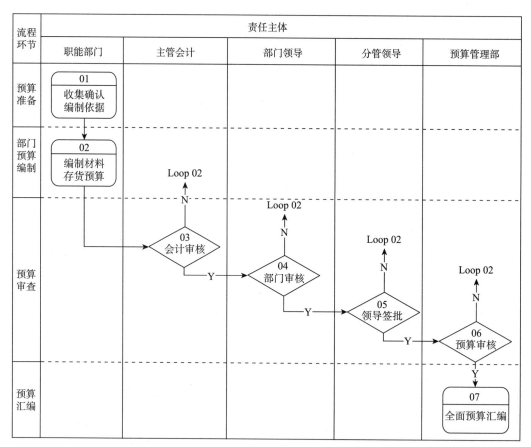

图6-2 材料存货预算编制流程图

（二）编制流程说明

材料存货预算的编制流程说明如表6-6所示。

表 6-6 编制流程说明

编号	活动名称	责任主体	活动要点	输出成果
01	收集确认编制依据	仓储部	（1）收集库存材料期初结存、直接物料消耗预算、其他物料耗用预算、材料存货库存定额、采购市场分析报告等资料 （2）确认预算编制依据收集齐全、内容准确无误	预算编制所需的全部编制依据
02	编制材料存货预算	仓储部	根据库存材料期初结存、直接物料消耗预算、其他物料耗用预算、材料存货库存定额等资料编制材料存货预算	材料存货预算
03	会计审核	主管会计	主要审核库存材料期初结存是否合理，直接物料消耗预算是否与产品成本预算核对相符，其他各类物料消耗预算是否与相关费用预算核对相符；预算中的数据计算是否正确等内容	会计审核后的预算
04	部门审核	部门领导	审核、确认材料存货预算	部门领导审核后的预算
05	领导签批	分管领导	公司分管仓储的领导签批仓储部编制的材料存货预算	领导签批后的预算
06	预算审核	预算管理部	预算管理部会同有关部门审查、评议职能部门上报的预算，向各部门下达《预算调整意见书》；职能部门根据调整意见，对预算进行修改和完善	审核通过的部门预算
07	全面预算汇编	预算管理部	审核通过的预算纳入公司全面预算汇编流程	—

五、编制材料存货预算

（一）材料存货预算表

材料存货预算表的格式如表 6-7 所示。

表 6-7 2021 年材料存货预算表

编制部门：　　　　　　　编制时间：　　年　月　日　　　　　　金额单位：元

材料类别	材料编码	材料名称	规格型号	计量单位	期初库存			本期入库			本期出库			期末库存		
					数量	预算单价	金额	数量	预算单价	金额	数量	预算单价	金额	数量	预算单价	金额
主要材料																

金额单位:元(续表)

材料类别	材料编码	材料名称	规格型号	计量单位	期初库存			本期入库			本期出库			期末库存		
					数量	预算单价	金额	数量	预算单价	金额	数量	预算单价	金额	数量	预算单价	金额
外购半成品																
辅助材料																
包装材料																
备品备件																
低值易耗品																
其他物料																
合计	—	—	—	—		—			—			—			—	

预算管理部:　　　　分管领导:　　　　部门领导:　　　　主管会计:　　　　编制人:

(二) 填表说明

材料存货预算根据库存材料期初结存、直接物料消耗预算、其他物料耗用预算、材料存货库存定额、采购市场分析报告等资料编制,年度预算需要细化到季度或月度。编制的基本规则如下:以材料为对象填列,一个材料编码填写一行。各项目释义及填写方法如下:

(1) 材料类别:填写材料存货的具体类别,如主要材料、外购半成品、辅助材料、包装材料、备品备件、低值易耗品等。

(2) 材料编码:填写预算数据库中的材料编码。

(3) 材料名称:填写符合国家标准的材料名称。

(4) 规格型号:规格指表示材料性能指标的大小,型号指表示材料规格集合的"名称"或"代码"。

(5) 计量单位:填写符合国家标准的长度单位、面积单位、体积单位、容积单位、质量单位、数量单位等,既可以用名称,也可以用符号,但必须保持一致。

(6) 期初库存:期初库存数量根据库存材料期初结存清单填列,预算单价填写经企业核准的预算期内各种物料的内部核算价格,期初库存金额根据公式"期初库存金额=期初库存数量×预算单价"计算填列。

（7）本期入库：入库数量根据公式"本期入库＝期末库存＋本期出库－期初库存"计算填列，预算单价填写经企业核准的预算期内各种物料的内部核算价格，本期入库金额根据公式"本期入库＝数量×预算单价"计算填列。

（8）本期出库：出库数量、预算单价、金额全部根据物料消耗预算（表3-7）、销售物料耗用预算（表2-20）、制造费用物料耗用预算（表3-13）、管理费用物料耗用预算（表5-3）、研发物料消耗预算（表5-8）等物料耗用预算汇总填列。

（9）期末库存：期末库存数量填写各种材料的库存定额，预算单价填写经企业核准的预算期内各种物料的内部核算价格，期末库存金额根据公式"金额＝数量×预算单价"计算填列。

（10）合计：纵向的总成本项目的金额需要合计，其他项目的金额不需要合计。

第三节　物料采购预算

一、定义

物料采购预算是预算期内企业采购主要材料、外购半成品、辅助材料、包装材料、备品备件、低值易耗品等物料的预算，分为直接材料采购预算和其他物料采购预算，主要内容包括材料名称、规格型号、采购数量、采购单价、采购金额等。

二、编制部门

物料采购预算由采购部负责编制，仓储部、生产部及财务部予以协助。

三、编制依据

材料采购预算的编制依据如表6-8所示。

表6-8　编制依据

序号	资料名称	资料说明	提供部门
1	材料存货预算	预算期内企业各种材料物资出库、入库，以及期初、期末结存的预算	仓储部
2	材料预算价格表	企业核定的预算期内各类材料物资的预算采购单价，既有含税预算采购单价，也有不含税预算采购单价	财务部
3	合格供应商目录	按程序审查认定符合本企业合格供应商标准，可以为企业供货的供应商名录	采购部

（续表）

序号	资料名称	资料说明	提供部门
4	采购市场分析报告	预算期内对主要材料供求关系、价格走势的市场预测和应对策略的报告	采购部
5	主要材料采购计划	预算期内原料、外购半成品、辅助材料和包装材料等主要材料采购计划	采购部

四、编制流程

（一）编制流程图

物料采购预算编制流程图如图6-3所示。

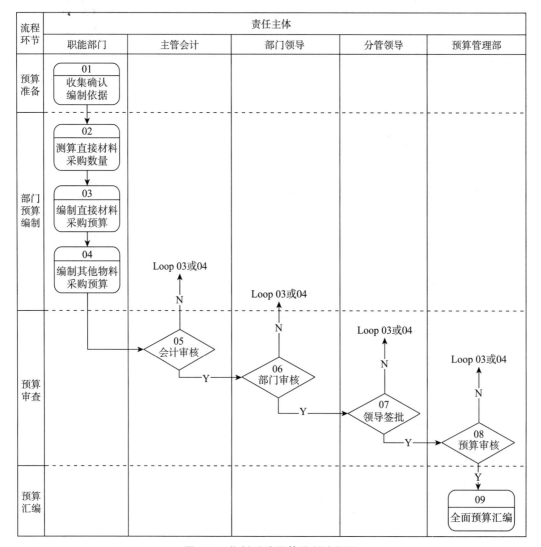

图6-3 物料采购预算编制流程图

（二）编制流程说明

材料采购预算的编制流程说明如表6-9所示。

表6-9　编制流程说明

编号	活动名称	责任主体	活动要点	输出成果
01	收集确认编制依据	采购部	（1）收集材料存货预算、材料预算价格表、合格供应商目录、采购市场分析报告、主要材料采购计划等资料 （2）确认预算编制依据收集齐全、内容准确无误	预算编制所需的全部编制依据
02	预测直接材料采购数量	采购部	根据材料存货预算、材料预算价格表、合格供应商目录、采购市场分析报告、主要材料采购计划等资料编制直接材料采购测算表	直接材料采购测算表
03	编制直接材料采购预算	采购部	根据直接材料采购测算表等资料编制直接材料采购预算	直接材料采购预算
04	编制其他物料采购预算	采购部	根据材料存货预算、材料预算价格表、采购市场分析报告等资料编制其他物料采购预算	其他物料采购预算
05	会计审核	主管会计	主要审核直接材料采购预算和其他物料采购预算中的数据计算是否正确等内容	会计审核后的预算
06	部门审核	部门领导	审核、确认直接材料采购预算和其他物料采购预算	部门领导审核后的预算
07	领导签批	分管领导	公司分管采购的领导签批采购部编制的直接材料采购预算和其他物料采购预算	领导签批后的预算
08	预算审核	预算管理部	预算管理部会同有关部门审查、评议职能部门上报的预算，向各部门下达《预算调整意见书》；职能部门根据调整意见，对预算进行修改和完善	审核通过的部门预算
09	全面预算汇编	预算管理部	审核通过的预算纳入公司全面预算汇编流程	—

五、编制直接材料采购测算表

（一）直接材料采购测算表

直接材料采购测算表的格式如表6-10所示。

表 6-10　2021 年直接材料采购测算表

编制部门：　　　　　编制时间：　年　月　日　　　　　　金额单位：元

材料编码：　　材料名称：　　规格型号：　　计量单位：　　预算价格：　　增值税税率：

供应商编码	供应商名称	采购价格	采购数量				
			1季度	2季度	3季度	4季度	全年合计
合计	—	—					

（二）填表说明

直接材料是指直接用于产品生产、构成产品实体的主要材料、外购半成品以及有助于产品形成的辅助材料和包装材料。直接材料采购测算表是直接材料采购预算的基础表，按照一种材料填列一张表的原则填列。直接材料采购测算表的主要编制依据是材料存货预算、合格供应商目录、采购市场分析报告等资料。年度测算表要细化到季度或月度，月度测算表要细化到每周。各项目释义及填写方法如下：

（1）材料编码：填写预算数据库中的材料编码。

（2）材料名称：填写符合国家标准的材料名称。

（3）规格型号：规格指表示材料性能指标的大小，型号指表示材料规格集合的"名称"或"代码"。

（4）计量单位：填写符合国家标准的长度单位、面积单位、体积单位、容积单位、质量单位、数量单位等，既可以用名称，也可以用符号，但必须保持一致。

（5）预算单价：填写企业核定的预算期材料预算价格表中的含税预算采购单价。

（6）增值税税率：根据不同材料适用的增值税税率填写。

（7）供应商编码：填写预算数据库中的供应商编码。

（8）供应商名称：填写供应商全称。

（9）采购价格：填写预算期内各供应商的预计供货价格。

（10）采购数量：根据企业计划分配给供应商的采购数量填写，每种材料的采购总量要与材料存货预算（表 6-7）中对应材料的入库数量一致。

（11）合计：纵向的采购数量项目的数额需要合计，横向四个季度的采购数量项目的数额需要合计。

六、编制直接材料采购预算

（一）直接材料采购预算表

直接材料采购预算表的格式如表 6-11 所示。

表 6-11　2021 年直接材料采购预算表

编制部门：　　　　　　编制时间：　　年　月　日　　　　　　金额单位：元

材料类别	材料编码	材料名称	规格型号	计量单位	预算单价	增值税税率	1季度			2季度			3季度			4季度			全年合计		
							采购数量	含税采购额	不含税采购额	采购数量	含税采购额	不含税采购额	采购数量	含税采购额	不含税采购额	采购数量	含税采购额	不含税采购额	采购数量	含税采购额	不含税采购额
主要材料																					
外购半成品																					
辅助材料																					
包装材料																					
合计	—	—	—	—	—	—		—			—			—			—			—	

预算管理部：　　　分管领导：　　　部门领导：　　　主管会计：　　　编制人：

（二）填表说明

直接材料采购预算是预算期内采购直接用于产品生产、构成产品实体的主要材料、外购半成品以及有助于产品形成的辅助材料、包装材料的预算，主要依据直接材料采购测算表（表 6-10）汇总编制。编制的基本规则如下：以材料为对象填列，一个材料编码填写一行，年度预算需要细化到季度或月度，月度预算要细化到每周。各项目释义及填写方法如下：

（1）材料类别：填写直接用于产品生产、构成产品实体的材料类别，如主要材料、外购半成品、辅助材料、包装材料等。

（2）材料编码：填写预算数据库中的材料编码。

（3）材料名称：填写符合国家标准的材料名称。

（4）规格型号：规格指表示材料性能指标的大小，型号指表示材料规格集合的"名称"或"代码"。

（5）计量单位：填写符合国家标准的长度单位、面积单位、体积单位、容积单位、质量单位、数量单位等，既可以用名称，也可以用符号，但必须保持一致。

（6）预算单价：填写企业核定的预算期材料预算价格表中的含税预算采购单价。

（7）增值税税率：根据不同材料适用的增值税税率填写。

（8）采购数量：根据材料存货预算（表6-7）中对应材料的入库数量填写。

（9）含税采购额：根据公式"含税采购额＝采购数量×预算单价"计算填列。

（10）不含税采购额：不含税采购额与材料存货预算（表6-7）中本期入库物料成本一致，也可以根据公式"不含税采购额＝含税采购额÷（1+增值税税率）"计算填列。

（11）合计项目：纵向的含税采购额和不含税采购额项目的金额需要合计，横向四个季度的相应数据需要合计。

七、编制其他物料采购预算

（一）其他物料采购预算表

其他物料采购预算表的格式如表6-12所示。

表6-12　2021年其他物料采购预算

编制部门：　　　　　编制时间：　　年　　月　　日　　　　　金额单位：元

材料类别	材料编码	材料名称	规格型号	计量单位	预算单价	增值税税率	1季度			2季度			3季度			4季度			全年合计		
							采购数量	含税采购额	不含税采购额	采购数量	含税采购额	不含税采购额	采购数量	含税采购额	不含税采购额	采购数量	含税采购额	不含税采购额	采购数量	含税采购额	不含税采购额
备品备件																					
低值易耗品																					
其他物料																					
合计	—	—	—	—	—	—															

预算管理部：　　　　分管领导：　　　　部门领导：　　　　主管会计：　　　　编制人：

（二）填表说明

其他物料采购预算是预算期内采购备品备件、低值易耗品和其他物料的预算，其他物料相对于直接材料属于间接材料，在编制预算时一般无法具体到供应商名称，主要依据材料存货预算、采购市场分析报告等资料编制。编制的基本规则如下：以材料为对象填列,一个材料编码填写一行,年度预算需要细化到季度或月度。各项目释义及填写方法与直接材料采购预算(表 6-11)一致,兹不赘述。

第四节　采购付款与应付账款预算

一、定义

采购付款与应付账款预算是预算期内企业物资采购应付账款发生额、货款支付额及期初和期末余额的预算,主要内容包括采购付款预算和应付账款预算。

二、编制部门

采购付款与应付账款预算由采购部和财务部合作编制。其中,采购付款预算由采购部负责编制,财务部协助;应付账款预算由财务部负责编制,采购部协助。

三、编制依据

采购付款与应付账款预算的编制依据如表 6-13 所示。

表 6-13　编制依据

序号	资料名称	资料说明	提供部门
1	采购付款计划	采购部根据付款政策、应付账款周转天数指标、应付账款余额、采购物料供求关系等情况制定的预算期内向供应商付款的计划	采购部
2	付款政策	企业制定的预算期内规范采购付款业务,管理和控制采购风险的方针、措施和程序的总称,付款政策通常一年一定,由采购部和财务部共同制定	采购部
3	期初应付账款余额	采购部根据付款政策、物料供求关系、应付账款实际等情况编制的预算期初应付账款余额表,由财务部协助编制	采购部
4	物料采购预算	预算期内企业采购主要材料、外购半成品、辅助材料、包装材料、备品备件、低值易耗品等物料的预算,含直接材料采购预算和其他物料采购预算	采购部

四、编制流程

(一) 编制流程图

采购付款与应付账款预算编制流程图如图 6-4 所示。

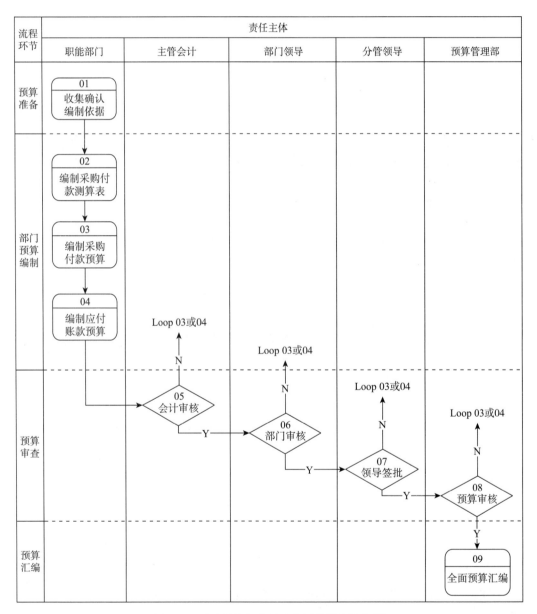

图 6-4 采购付款与应付账款预算编制流程图

(二) 编制流程说明

采购付款与应付款预算的编制流程说明如表 6-14 所示。

表 6-14 编制流程说明

编号	活动名称	责任主体	活动要点	输出成果
01	收集确认编制依据	采购部	（1）收集采购付款计划、付款政策、期初应付账款余额、物料采购预算等资料 （2）确认预算编制依据收集齐全、内容准确无误	预算编制所需的全部编制依据
02	编制采购付款测算表	采购部	以供应商为对象，以采购付款计划、付款政策、期初应付账款余额、物料采购预算等资料为依据，逐一确定预算期内物料采购款的付款时间、付款方式，并测算金额	采购付款测算表
03	编制采购付款预算	采购部	根据采购付款测算表编制采购付款预算	采购付款预算
04	编制应付账款预算	采购部	根据物料采购预算和采购付款测算表，以供应商为对象，编制应付账款预算	应付账款预算
05	会计审核	主管会计	主要审核采购付款与应付账款预算的编制依据是否充分，采购付款与应付账款预算数额是否准确等内容	会计审核后的预算
06	部门审核	部门领导	审核、确认采购付款与应付账款预算	部门领导审核后的预算
07	领导签批	分管领导	公司分管采购的领导签批采购付款与应付账款预算	领导签批后的预算
08	预算审核	预算管理部	预算管理部会同有关部门审查、评议职能部门上报的预算，向各部门下达《预算调整意见书》；职能部门根据调整意见，对预算进行修改和完善	审核通过的部门预算
09	全面预算汇编	预算管理部	审核通过的预算纳入公司全面预算汇编流程	—

五、编制采购付款测算表

（一）采购付款测算表

采购付款测算表的格式如表 6-15 所示。

表 6-15 2021 年采购付款测算表

编制部门： 编制时间： 年 月 日 金额单位：元

供应商编码	供应商名称	付款政策	1 季度				2 季度				3 季度				4 季度				全年合计			
			本期应付	本期付款	结算方式		本期应付	本期付款	结算方式		本期应付	本期付款	结算方式		本期应付	本期付款	结算方式		本年应付	本年付款	结算方式	
					现款	承兑			现款	承兑			现款	承兑			现款	承兑			现款	承兑

金额单位:元(续表)

供应商编码	供应商名称	付款政策	1季度				2季度				3季度				4季度				全年合计			
			本期应付	本期付款	结算方式		本期应付	本期付款	结算方式		本期应付	本期付款	结算方式		本期应付	本期付款	结算方式		本年应付	本年付款	结算方式	
					现款	承兑			现款	承兑			现款	承兑			现款	承兑			现款	承兑
合计	—	—																				

(二) 填表说明

采购付款测算表是采购付款预算的基础表,以供应商为对象,以采购付款计划、付款政策、期初应付账款余额、物料采购预算等资料为依据编制,年度采购付款测算表要细化到季度或月度,月度采购付款测算表要细化到每周。该测算表的编制比较复杂,需要采购主管会计与采购部门的业务人员协同完成。对于无法具体到供应商的应付款项可以按付款内容汇总填列。各项目释义及填写方法如下:

(1) 供应商编码:填写预算数据库中的供应商编码。

(2) 供应商名称:填写供应商全称。

(3) 付款政策:填写适用于每个供应商的付款政策,如预付、钱货两清、到货30天付款等。

(4) 本期应付:预算期应付账款总额,包括应付账款期初余额和预算期新增加的应付账款数额,即"本期应付=应付账款期初余额+预算期含税采购额"。预算期含税采购额要符合公式"预算期含税采购额=预算期采购数量×含税采购单价"。

(5) 本期付款:预算期内按付款政策支付的物资采购款,要以供应商为对象,按照供应商适用的付款政策、采购物资供求关系、企业的资金状况和采购付款计划等因素逐一核定付款金额。

(6) 结算方式:采购付款的结算方式,主要包括银行汇票、银行本票、商业汇票、汇兑、托收承付、汇款、信用证等结算方式。为了简化说明过程,本表设计为现款和承兑两种结算方式,其中承兑是指商业汇票,现款是指除商业汇票之外的其他结算方式。

(7) 合计:纵向的金额项目均需合计金额,横向四个季度的对应项目需合计得出全年数。

六、编制采购付款预算

（一）采购付款预算表

采购付款预算表的格式如表6-16所示。

表6-16　2021年采购付款预算表

编制部门：　　　　　　　编制时间：　年　月　日　　　　　金额单位：元

供应商编码	供应商名称	1季度			2季度			3季度			4季度			全年合计		
		本期支付	现款	承兑	本期支付	现款	承兑	本期支付	现款	承兑	本期支付	现款	承兑	本期支付	现款	承兑
合计	—															

预算管理部：　　　　分管领导：　　　　部门领导：　　　　主管会计：　　　　编制人：

（二）填表说明

采购付款预算是预算期内采购业务所需资金支付的预算，在采购付款测算表（表6-15）的基础上编制，按照一个供应商填列一行的原则填列。年度预算需要细化到季度或月度，月度预算需要细化到每周。各项目释义及填写方法如下：

（1）供应商编码：填写预算数据库中的供应商编码。

（2）供应商名称：填写供应商全称。

（3）本期支付：填写预算期内支付的资金数额，根据采购付款测算表（表6-15）分析、汇总填列，支付总额与采购付款测算表中的本期付款总额一致。

（4）结算方式：资金支付的具体结算方式和金额，其中承兑是指商业汇票，现款是指除商业汇票之外的其他结算方式。根据采购付款测算表分析、汇总填列，现款和承兑合计要等于本期付款总额。

（5）合计：纵向对以金额为计量单位的项目的金额进行合计，横向四个季度的付款金额需要进行合计。

七、编制应付账款预算

（一）应付账款预算表

应付账款预算表的格式如表6-17所示。

表 6-17　2021 年应付账款预算表

编制部门：　　　　　　　编制时间：　　年　　月　　日　　　　　　　　金额单位：元

供应商编码	供应商名称	1 季度			2 季度			3 季度			4 季度			全年合计		
		期初余额	本期增加	本期付款	期末余额	本期增加	本期付款	期末余额	本期增加	本期付款	期末余额	本期增加	本期付款	期末余额	期初余额	本期增加	本期付款	期末余额
合计	—																

预算管理部：　　　　分管领导：　　　　部门领导：　　　　主管会计：　　　　编制人：

（二）填表说明

应付账款预算是预算期内企业应付账款发生额及期初、期末余额的预算，按照一个供应商填列一行的原则编制，年度预算要细化到季度或月度，月度预算要细化到每周。各项目释义及填写方法如下：

（1）供应商编码：填写预算数据库中的供应商编码。

（2）供应商名称：填写供应商全称。

（3）期初余额：应付账款期初余额，根据公司付款政策、编制预算时应付账款实际余额，基期还将发生的应付账款增加、减少数额等情况确定。

（4）本期增加：预算期新增加的应付账款，即本期物料含税采购额，预算期含税采购额根据直接材料采购测算表（表 6-10）、直接材料采购预算（表 6-11）和其他物料采购预算（表 6-12）中的有关项目填列。应付账款无法落实到具体供应商名称的，可以按材料类别汇总填列一行。

（5）本期付款：预算期内按付款政策、采购合同和采购付款计划支付的采购款，根据采购付款测算表（表 6-15）中的本期付款项目填列。

（6）期末余额：预算期末的应付账款余额，按照公式"期末余额＝期初余额＋本期增加－本期付款"计算填列。要以供应商为对象，逐一计算每个供应商的预算期期末应付账款余额。

（7）合计：纵向金额项目均需合计金额，横向合计四个季度的本期增加、本期付款项目的数额得到全年数，期初余额和期末余额分别是第 1 季度期初余额和第 4 季度期末余额。

Chapter 7 第七章

折旧、摊销与税费预算编制

导言： 本章讲述固定资产折旧预算、无形资产摊销预算、应交税费预算和税费资金支付预算的编制情况。其中，固定资产折旧预算和无形资产摊销预算中的有关内容与制造费用、销售费用、管理费用、研发支出等预算相互关联；应交税费预算中的有关内容与销售、采购、利润等预算相互关联。因此，本章讲述的预算在编制顺序上可以与相关联的预算交叉或平行进行。

第一节 固定资产折旧预算

一、定义

固定资产折旧预算是预算期内企业计提固定资产折旧额的预算，主要内容包括固定资产名称、固定资产原值、折旧率、折旧额等。

二、编制部门

固定资产折旧预算由财务部负责编制，设备部、工程部予以协助。

三、编制依据

固定资产折旧预算的编制依据如表 7-1 所示。

表 7-1 编制依据

序号	资料名称	资料说明	提供部门
1	固定资产明细清单	企业预算期期初的固定资产原值、累计折旧和减值准备明细表	财务部
2	固定资产增减变动预算	预算期内企业固定资产增减变动情况的预算	财务部

（续表）

序号	资料名称	资料说明	提供部门
3	固定资产折旧政策	企业固定资产的折旧方法、折旧年限、估计残值率和折旧率等政策	财务部
4	累计折旧明细表	会计信息系统中的固定资产累计折旧明细表	财务部

四、编制流程

（一）编制流程图

固定资产折旧预算编制流程图如图7-1所示。

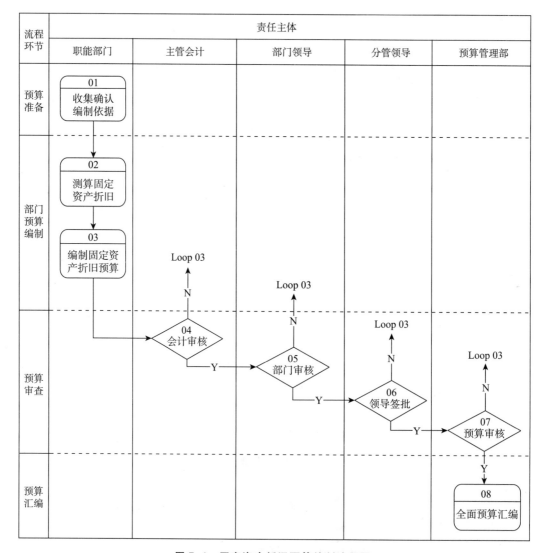

图 7-1 固定资产折旧预算编制流程图

（二）编制流程说明

固定资产折旧预算的编制流程说明如表 7-2 所示。

表 7-2 编制流程说明

编号	活动名称	责任主体	活动要点	输出成果
01	收集确认编制依据	财务部	（1）收集固定资产明细清单、固定资产增减变动预算、固定资产折旧政策、累计折旧明细表等资料 （2）确认预算编制依据收集齐全、内容准确无误	预算编制所需的全部编制依据
02	测算固定资产折旧	财务部	根据固定资产增减变动预算（表 8-18），测算计提折旧的固定资产原值和折旧额，编制固定资产折旧测算表	固定资产折旧测算表
03	编制固定资产折旧预算	财务部	根据固定资产折旧测算表，编制固定资产折旧预算	固定资产折旧预算
04	会计审核	主管会计	主要审核固定资产折旧预算的编制依据是否充分，预算项目运用是否恰当，数据计算是否准确等内容	会计审核后的预算
05	部门审核	部门领导	审核、确认固定资产折旧预算	部门领导审核后的预算
06	领导签批	分管领导	公司分管财务的领导签批固定资产折旧预算	领导签批后的预算
07	预算审核	预算管理部	预算管理部会同有关部门审查、评议职能部门上报的预算，向各部门下达《预算调整意见书》；职能部门根据调整意见，对预算进行修改和完善	审核通过的部门预算
08	全面预算汇编	预算管理部	审核通过的预算纳入公司全面预算汇编流程	—

五、编制固定资产折旧测算表

（一）固定资产折旧测算表

固定资产折旧测算表的格式如表 7-3 所示。

表 7-3 2021 年固定资产折旧测算表

编制部门：　　　　　　　编制时间：　年　月　日　　　　　　金额单位：元

使用部门	类别编码	资产类别	资产编码	资产名称	折旧率(%)	1月		2月		…		12月		全年折旧
						原值	折旧	原值	折旧	原值	折旧	原值	折旧	
生产部														

金额单位:元(续表)

使用部门	类别编码	资产类别	资产编码	资产名称	折旧率(%)	1月		2月		…		12月		全年折旧
						原值	折旧	原值	折旧	原值	折旧	原值	折旧	
销售部														
管理部														
研发部														
合计			—	—	—									

(二) 填表说明

固定资产折旧测算表依据固定资产增减变动预算(表8-18)和固定资产折旧政策等资料计算填列。因为固定资产折旧是按月计提的,所以需要按月测算计提折旧的数额。各项目释义及填写方法如下:

(1) 使用部门:生产部要填写到具体的生产车间,销售部、管理部和研发部可以按部门性质汇总填列。

(2) 类别编码:填写预算数据库中的固定资产分类编码。

(3) 资产类别:填写企业固定资产管理及核算制度中规定的固定资产类别,如房屋及建筑物、机器设备、运输设备、电子设备、其他设备等。

(4) 资产编码:填写预算数据库中的固定资产编码。

(5) 资产名称:填写符合国家标准的固定资产名称。

(6) 折旧率:填写企业固定资产折旧政策规定的各类固定资产对应的月折旧率。

(7) 原值:按照"当月增加的固定资产,当月不提折旧,从下月起计提折旧;当月减少的固定资产,当月照提折旧,从下月起不提折旧"的规定,逐月测算计提折旧的固定资产原值。

(8) 折旧:根据公式"折旧=原值×折旧率",逐月计算固定资产折旧数额。

(9) 合计:横向的每月折旧额需要合计得出全年折旧额,纵向的固定资产原值和折旧额都需要合计得出全年数。

六、编制固定资产折旧预算

(一) 固定资产折旧预算表

固定资产折旧预算表的格式如表7-4所示。

表 7-4　2021 年固定资产折旧预算表

编制部门：　　　　　　　编制时间：　年　月　日　　　　　　　金额单位：元

使用部门	类别编码	资产类别	累计折旧			
			期初余额	本期增加	本期减少	期末余额
生产部		房屋及建筑物				
		机器设备				
		运输设备				
		…				
销售部		房屋及建筑物				
		机器设备				
		运输设备				
		…				
管理部		房屋及建筑物				
		机器设备				
		运输设备				
		…				
研发部		房屋及建筑物				
		机器设备				
		运输设备				
		…				
合计	—	—				

预算管理部：　　　　分管领导：　　　　部门领导：　　　　主管会计：　　　　编制人：

(二) 填表说明

固定资产折旧预算在固定资产折旧测算表的基础上分析、汇总填列。各项目释义及填写方法如下：

（1）使用部门：生产部要填写到具体的生产车间，销售部、管理部和研发部可以按部门性质汇总填列。

（2）类别编码：填写预算数据库中的固定资产分类编码。

（3）资产类别：填写企业固定资产管理及核算制度中规定的固定资产类别，如房屋及建筑物、机器设备、运输设备、电子设备、其他设备等。

(4) 累计折旧:企业提取的固定资产折旧累计数。

(5) 期初余额:企业累计折旧科目的账面期初余额,根据预测数填写。

(6) 本期增加:预算期内新增的折旧费,根据固定资产折旧测算表中"全年折旧"填写。

(7) 本期减少:预算期内减少的折旧费,根据固定资产处置与资金收入预算(表 8-17)填写。

(8) 期末余额:根据公式"期末余额=期初余额+本期增加-本期减少"计算填写。

(9) 合计:纵向以金额计量的项目均需计算合计金额数。

第二节　无形资产摊销预算

一、定义

无形资产摊销预算是预算期内企业计提无形资产摊销费的预算,主要内容包括无形资产名称、无形资产原值、摊销率、摊销额等。

二、编制部门

无形资产摊销预算由财务部负责编制。

三、编制依据

无形资产摊销预算的编制依据如表 7-5 所示。

表 7-5　编制依据

序号	资料名称	资料说明	提供部门
1	无形资产清单	会计信息系统中的无形资产明细表	财务部
2	无形资产增减变动计划	预算期内企业无形资产期初、期末余额及增减变动情况的预算	研发部
3	无形资产摊销政策	企业无形资产的摊销方法、摊销年限和摊销率等政策	财务部
4	累计摊销明细表	会计信息系统中的无形资产累计摊销明细表	财务部

四、编制流程

(一) 编制流程图

无形资产摊销预算编制流程图如图 7-2 所示。

第七章 折旧、摊销与税费预算编制

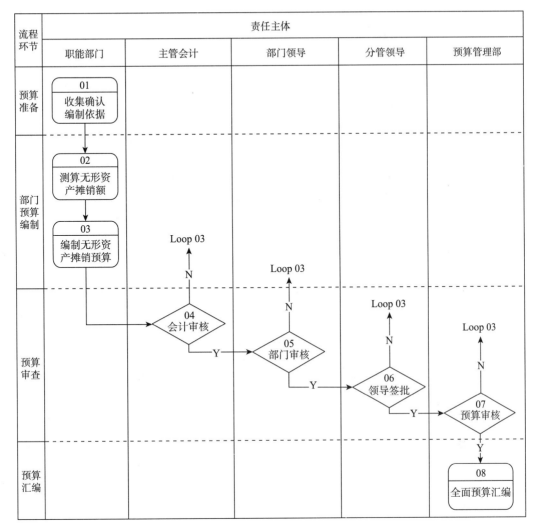

图 7-2 无形资产摊销预算编制流程图

(二) 编制流程说明

无形资产摊销预算的编制流程说明如表 7-6 所示。

表 7-6 编制流程说明

编号	活动名称	责任主体	活动要点	输出成果
01	收集确认编制依据	财务部	(1) 收集无形资产清单、无形资产增减变动计划、无形资产摊销政策、累计摊销明细表等资料 (2) 确认预算编制依据收集齐全、内容准确无误	预算编制所需的全部编制依据

（续表）

编号	活动名称	责任主体	活动要点	输出成果
02	测算无形资产摊销额	财务部	根据无形资产增减变动预算（表8-24），测算计提摊销的无形资产原值和摊销额，编制无形资产摊销测算表	无形资产摊销测算表
03	编制无形资产摊销预算	财务部	根据无形资产摊销测算表，编制无形资产摊销预算	无形资产摊销预算
04	会计审核	主管会计	主要审核无形资产摊销预算的编制依据是否充分，预算项目运用是否恰当，数据计算是否准确等内容	会计审核后的预算
05	部门审核	部门领导	审核、确认无形资产摊销预算	部门领导审核后的预算
06	领导签批	分管领导	公司分管财务的领导签批无形资产摊销预算	领导签批后的预算
07	预算审核	预算管理部	预算管理部会同有关部门审查、评议职能部门上报的预算，向各部门下达《预算调整意见书》；职能部门根据调整意见，对预算进行修改和完善	审核通过的部门预算
08	全面预算汇编	预算管理部	审核通过的预算纳入公司全面预算汇编流程	—

五、编制无形资产摊销测算表

（一）无形资产摊销测算表

无形资产摊销测算表的格式如表7-7所示。

表7-7 2021年无形资产摊销测算表

编制部门：　　　　　　编制时间：　年　月　日　　　　　　金额单位：元

资产编码	无形资产名称	摊销率(%)	1月		2月		...		12月		全年摊销
			原值	摊销	原值	摊销	原值	摊销	原值	摊销	
合计	—	—									

（二）填表说明

无形资产摊销测算表依据无形资产增减变动预算、无形资产摊销政策等资料计算填列。因为无形资产摊销是按月计提的，所以需要按月测算摊销数额。各项目释义及填写方法如下：

（1）资产编码：填写预算数据库中的无形资产编码。

（2）无形资产名称：填写符合国家标准的无形资产名称。

（3）摊销率：填写企业无形资产摊销政策规定的无形资产对应的月摊销率。

（4）原值：按照"当月增加的无形资产，当月摊销；当月减少的无形资产，当月不摊销"的规定，逐月测算应摊销的无形资产的原值。

（5）摊销：根据公式"摊销＝原值×摊销率"，逐月计算无形资产的摊销数额。

（6）合计：横向的每月摊销额需要合计得出全年摊销额，纵向的无形资产原值和摊销都需要计算合计数。

六、编制无形资产摊销预算

（一）无形资产摊销预算表

无形资产摊销预算表的格式如表7-8所示。

表7-8　2021年无形资产摊销预算表

编制部门：　　　　　编制时间：　　年　　月　　日　　　　　　　金额单位：元

资产编码	无形资产名称	累计摊销			
		期初余额	本期增加	本期减少	期末余额
合计	—				

预算管理部：　　分管领导：　　部门领导：　　主管会计：　　编制人：

（二）填表说明

无形资产摊销预算在无形资产摊销测算表的基础上分析、汇总填列。各项目释义及填写方法如下：

（1）资产编码：填写预算数据库中的无形资产编码。

（2）无形资产名称：填写符合国家标准的无形资产名称。

（3）累计摊销：企业提取的无形资产摊销累计数。

（4）期初余额：企业累计摊销科目的账面期初余额，根据预测数填写。

（5）本期增加：预算期内新增的摊销费，根据无形资产摊销测算表中"全年摊销"的数额填写。

（6）本期减少：预算期内减少的摊销费，根据无形资产处置与资金收入预算（表8-23）填写。

（7）期末余额：根据公式"期末余额=期初余额+本期增加-本期减少"计算填写。

（8）合计：纵向以金额计量的项目均需合计。

第三节 应交税费预算

一、定义

应交税费预算是预算期内企业各种税费计提、缴纳及余额的预算，主要内容包括应交税费的种类、纳税对象、适用税率、计税依据、应交税费、期初期末余额等。

二、编制部门

应交税费预算由财务部负责编制。

三、编制依据

应交税费预算的编制依据如表7-9所示。

表7-9 编制依据

序号	资料名称	资料说明	提供部门
1	应交税费期初余额	会计信息系统中各项应交税费的预计期初余额	财务部
2	应税资产明细表	企业拥有的计征有关税费的资产清单，如车辆、土地、房产等资产	财务部
3	销售预算	预算期内企业销售产品或提供劳务等销售活动的预算	财务部
4	采购预算	预算期内企业采购活动的预算	财务部
5	投资预算	预算期内有关涉税的投资预算	财务部
6	利润预算	预算期内企业实现利润的预算	财务部
7	纳税政策	根据税法规定编制的企业纳税对象、计税依据、税率等政策清单	财务部

第七章 折旧、摊销与税费预算编制

四、编制流程

（一）编制流程图

应交税费预算编制流程图如图 7-3 所示。

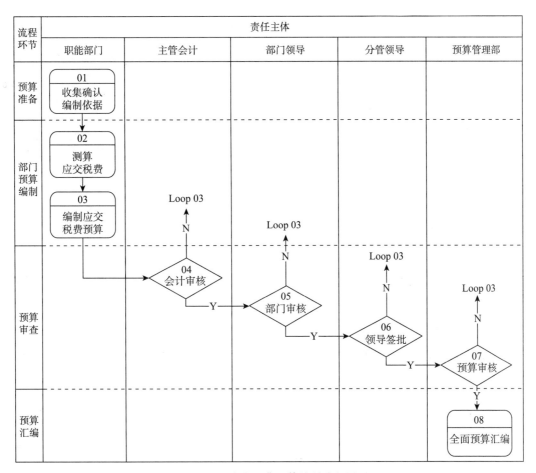

图 7-3 应交税费预算编制流程图

（二）编制流程说明

应交税费预算的编制流程说明如表 7-10 所示。

表 7-10 编制流程说明

编号	活动名称	责任主体	活动要点	输出成果
01	收集确认编制依据	财务部	（1）收集应交税费期初余额、应税资产明细表、销售预算、采购预算、利润预算、纳税政策等资料 （2）确认预算编制依据收集齐全、内容准确无误	预算编制所需的全部编制依据

（续表）

编号	活动名称	责任主体	活动要点	输出成果
02	测算应交税费	财务部	根据预算期的纳税对象和计税依据等资料，测算预算期内的应交税费	应交税费测算表
03	编制应交税费预算	财务部	根据应交税费测算表，编制应交税费预算	应交税费预算
04	会计审核	主管会计	主要审核应交税费预算的编制依据是否充分，预算项目运用是否恰当，数据计算是否准确等内容	会计审核后的预算
05	部门审核	部门领导	审核、确认财务部编制的应交税费预算	部门领导审核后的预算
06	领导签批	分管领导	公司分管财务的领导签批应交税费预算	领导签批后的预算
07	预算审核	预算管理部	预算管理部会同有关部门审查、评议职能部门上报的预算，向各部门下达《预算调整意见书》；职能部门根据调整意见，对预算进行修改和完善	审核通过的部门预算
08	全面预算汇编	预算管理部	审核通过的预算纳入公司全面预算汇编流程	—

五、编制应交税费测算表

（一）应交税费测算表

应交税费测算表的格式如表 7-11 所示。

表 7-11　2021 年应交税费测算表

编制部门：　　　　　　编制时间：　　年　　月　　日　　　　　　　　金额单位：元

税费编码	税费名称	纳税对象	税费率	1 季度		2 季度		3 季度		4 季度		全年合计	
				计税依据	应交税费	计税依据	应交税费	计税依据	应交税费	计税依据	应交税费	计税依据	应交税费
	1. 增值税												
	1.1 销项税额												
	1.2 进项税额												
	2. 税金及附加												
	2.1 城市维护建设税												

第七章　折旧、摊销与税费预算编制

金额单位:元(续表)

税费编码	税费名称	纳税对象	税费率	1季度		2季度		3季度		4季度		全年合计	
				计税依据	应交税费	计税依据	应交税费	计税依据	应交税费	计税依据	应交税费	计税依据	应交税费
	2.2 教育费附加												
	2.3 消费税												
	2.4 资源税												
	2.5 房产税												
	2.6 土地使用税												
	2.7 车船税												
	2.8 印花税												
	2.9 残疾人就业保障金												
	3. 企业所得税												
	4. 个人所得税												
	合计	—	—	—		—		—		—		—	

(二) 填表说明

应交税费测算表用于测算预算期企业经营活动发生的增值税、所得税、消费税、城市维护建设税、教育费附加、资源税、房产税、城镇土地使用税、车船税、印花税等相关税费。各项目释义及填写方法如下:

(1) 税费编码:填写预算数据库中的各种税费的编码。

(2) 税费名称:填写国家税法规章规定的税费标准名称。

(3) 纳税对象:填写征纳税双方权利义务共同指向的客体或标的物。

(4) 计税依据:填写据以计算纳税对象应纳税款的直接数量依据,是对纳税对象的量的规定。

(5) 税费率:填写征税的征收比例或征收额度,是计算税费额的尺度。

(6) 应交税费:填写按照税法规定计提的应缴纳的各种税费。

(7) 合计:横向和纵向的应交税费都需计算合计金额。

六、编制应交税费预算

(一) 应交税费预算表

应交税费预算表的格式如表 7-12 所示。

表 7-12　2021 年应交税费预算表

编制部门：财务部　　　　编制时间：　　年　　月　　日　　　　　　金额单位：元

税费编码	税费名称	期初余额	本期增加	本期减少	期末余额
	1. 增值税(净额)				
	2. 税金及附加				
	2.1 城市维护建设税				
	2.2 教育费附加				
	2.3 消费税				
	2.4 资源税				
	2.5 房产税				
	2.6 土地使用税				
	2.7 车船税				
	2.8 印花税				
	2.9 残疾人就业保障金				
	3. 企业所得税				
	4. 个人所得税				
	合计				

预算管理部：　　　分管领导：　　　部门领导：　　　主管会计：　　　编制人：

(二) 填表说明

应交税费预算根据应交税费测算表、预算期期初应交税费余额、政府及税务机关对有关税费缴纳时间的规定等资料分析填列，年度预算要细化到季度或月度。各项目释义及填写方法如下：

(1) 税费编码：填写预算数据库中的各种税费的编码。

(2) 税费名称：填写国家税法规章规定的税费标准名称。

（3）期初余额：填写各种税费的期初余额，根据应交税费的期初余额表填列。

（4）本期增加：填写各种税费预算期内的新增金额，根据应交税费测算表中的应交税费额填列。

（5）本期减少：填写各种税费预算期内的上交金额，根据预算期应交税费金额和税费缴纳时间测算填列。

（6）期末余额：根据公式"期末余额＝期初余额＋本期增加－本期减少"计算填列。

（7）合计：纵向的金额项目需要合计金额。

第四节　税费资金支付预算

一、定义

税费资金支付预算是预算期内企业应交税费所需资金支付的预算，主要内容包括支付科目、支付内容、责任主体、支付时间、支付金额等。

二、编制部门

税费资金支付预算由财务部负责编制。

三、编制依据

税费资金支付预算的编制依据如表7-13所示。

表7-13　编制依据

序号	资料名称	资料说明	提供部门
1	应交税费预算	预算期内企业各种税费发生、缴纳及余额的预算	财务部
2	纳税申报与缴纳期限	企业适用的各种税费的具体申报与缴纳时间	财务部

四、编制流程

（一）编制流程图

税费资金支付预算编制流程图如图7-4所示。

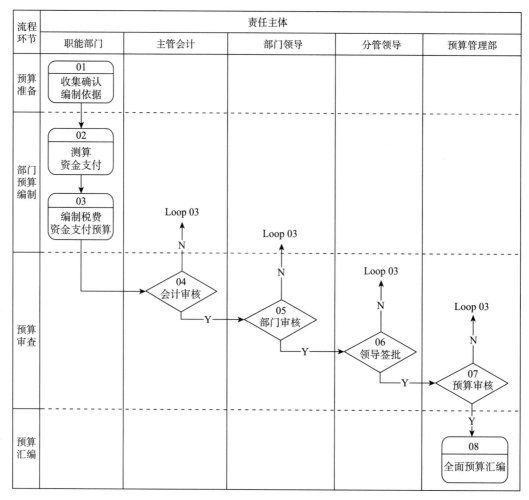

图 7-4 税费资金支付预算编制流程图

（二）编制流程说明

税费资金支付预算的编制流程说明如表 7-14 所示。

表 7-14 编制流程说明

编号	活动名称	责任主体	活动要点	输出成果
01	收集确认编制依据	职能部门	（1）收集应交税费预算、纳税申报与缴纳期限等资料 （2）确认预算编制依据收集齐全、内容准确无误	预算编制所需的全部编制依据
02	测算资金支付	职能部门	根据应交税费预算、纳税申报与缴纳期限等资料，逐项、逐笔测算各项税费的税目和资金支付金额	税费资金支付测算表

（续表）

编号	活动名称	责任主体	活动要点	输出成果
03	编制税费资金支付预算	职能部门	以税费资金支付测算表为依据编制	税费资金支付预算
04	会计审核	主管会计	主要审核税费资金支付预算的准确性和合理性	会计审核后的预算
05	部门审核	部门领导	部门领导审核税费资金支付预算，确认预算的准确性与可行性	部门领导审核后的预算
06	领导签批	分管领导	公司分管财务的领导签批税费资金支付预算	公司领导签批后的预算
07	预算审核	预算管理部	预算管理部会同有关部门审查、评议职能部门上报的预算，向各部门下达《预算调整意见书》；职能部门根据调整意见，对预算进行修改和完善	审核通过的部门预算
08	全面预算汇编	预算管理部	审核通过的预算纳入公司全面预算汇编流程	—

五、编制税费资金支付测算表

（一）税费资金支付测算表

税费资金支付测算表的格式如表7-15所示。

表7-15　2021年税费资金支付测算表

编制部门：　　　　　编制时间：　年　月　日　　　　　金额单位：元

科目编码	支付科目	支付内容	责任主体	税费缴纳				全年合计
				1季度	2季度	3季度	4季度	
合计	—	—	—					

（二）填表说明

税费资金支付测算表是税费资金支付预算的编制基础，按照每笔资金支付活动填写一行的规则填列。因为税费资金全部以现款方式缴纳，所以该表不需填写结算方式。各项目释义及填写方法如下：

(1) 科目编码:填写预算数据库中资金支付事项的科目编码。

(2) 支付科目:填写资金支付事项的科目名称。

(3) 支付内容:填写资金支付事项的基本内容。

(4) 责任主体:填写承办此项资金支付事项的业务部门或经办人。

(5) 税费缴纳:填写预算期内需要缴纳的税费数额。

(6) 合计:纵向对以金额为计量单位的项目的金额进行合计,横向对四个季度支付资金的金额进行合计。

六、编制税费资金支付预算

(一) 税费资金支付预算表

税费资金支付预算表的格式如表7-16所示。

表7-16　2021年税费资金支付预算表

编制部门:　　　　　　编制时间:　　年　　月　　日　　　　　　金额单位:元

科目编码	支付科目	税费缴纳				全年合计
		1季度	2季度	3季度	4季度	
合计	—					

预算管理部:　　　分管领导:　　　部门领导:　　　主管会计:　　　编制人:

(二) 填表说明

税费资金支付预算表在税费资金支付测算表的基础上汇总填列,填列原则是每个税收种类汇总填列一行。年度预算要细化到季度或月度,月度预算可细化到每周。各项目释义及填写方法如下:

(1) 科目编码:填写预算数据库中资金支付事项的科目编码。

(2) 支付科目:填写资金支付事项的科目名称。

(3) 税费缴纳:填写预算期内需要缴纳的税费数额,根据税费资金支付测算表(表7-15)分析、汇总填列,支付总额与税费资金支付测算表中的预算期税费缴纳资金总额一致。

(4) 合计:纵向对以金额为计量单位的项目的金额进行合计,横向对四个季度支付资金的金额进行合计。

Chapter 8 第八章 投资预算编制

导言： 投资预算是预算期内企业有关长期资产投资活动的预算，主要包括工程项目预算、固定资产预算、无形资产预算、长期股权投资预算、金融资产投资预算和投资收益预算。投资预算不涉及企业的日常生产经营活动，预算内容与销售、生产、采购、利润等经营预算关联度不高。因此，投资预算在编制顺序上可以与其他预算平行进行。

第一节 工程项目预算

一、定义

工程项目预算是企业新建、改建、扩建、更新改造等工程项目投资的预算。主要包括工程项目总预算、工程物资领用预算、工程物资库存预算、工程物资采购预算、工程物资采购付款预算、工程物资应付账款预算、项目费用及资金支付预算、工程款支付预算、工程项目竣工预算和在建工程预算等。

二、编制部门

工程项目预算由工程部和采购部负责编制，财务部予以协助。

三、编制依据

工程项目预算的编制依据如表 8-1 所示。

表 8-1 编制依据

序号	资料名称	资料说明	提供部门
1	工程项目审批文件	工程项目实施的审批文件,含项目建议书、可行性研究报告等	工程部
2	工程项目概预算	根据工程项目不同设计阶段的具体内容和有关定额与费用标准,计算和确定的工程项目全部投资的技术经济文件	工程部
3	施工图预算	根据已审定的施工图纸,在施工方案已确定的前提下,按照国家颁发的现行预算定额、费用标准、材料预算价格等有关规定,逐项计算工程量,套用相应定额,进行工料分析,计算直接费、间接费、计划利润、税金等费用,确定单位工程造价的技术经济文件	工程部
4	工程项目合同	建设单位和施工单位为完成工程项目,明确权利、义务的协议	工程部
5	工程物资采购合同	采购部与供应商签订的工程物资采购合同	采购部
6	工程项目进度计划	按时间节点规划的工程项目建设和进度计划	工程部
7	工程物资领用计划	工程项目建设需要领用的工程物资清单	工程部
8	工程项目费用支出计划	工程项目管理费、征地费、可行性研究费、临时设施费、公证费、监理费等待摊费用支出计划	工程部
9	工程施工款支付计划	根据工程进度和施工合同规定支付进度款的计划	工程部
10	工程项目竣工验收计划	工程项目竣工验收的计划安排,含竣工验收的时间、条件、标准、程序、组织管理和责任追究等内容	工程部
11	工程物资预算价格	企业核准的预算期内各种工程物资的内部核算价格	财务部
12	在建工程期初预计余额	各个在建工程项目在预算期期初的预计账面余额	财务部

四、编制流程

(一)编制流程图

工程项目预算编制流程图如图 8-1 所示。

第八章 投资预算编制

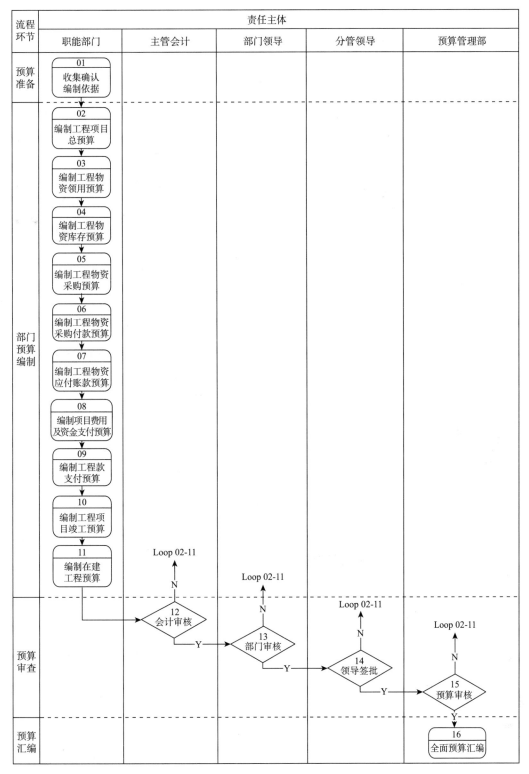

图 8-1 工程项目预算编制流程图

（二）编制流程说明

工程项目预算的编制流程说明如表 8-2 所示。

表 8-2 编制流程说明

编号	活动名称	责任主体	活动要点	输出成果
01	收集确认编制依据	工程部	（1）收集工程项目审批文件、工程项目概预算、施工图预算、工程项目合同、工程项目进度计划、工程物资领用计划、工程项目竣工验收计划等资料 （2）确认预算编制依据收集齐全、内容准确无误	预算编制所需的全部编制依据
02	编制工程项目总预算	工程部	根据工程项目概预算、施工图预算、工程物资预算价格、工程项目合同、工程项目进度计划等资料编制工程项目投资总预算	工程项目总预算
03	编制工程物资领用预算	工程部	以施工图预算、工程物资预算价格、工程项目进度计划和工程物资领用计划为依据，编制工程物资领用预算	工程物资领用预算
04	编制工程物资库存预算	工程部	以工程物资期初预计结存、预算价格、工程物资领用预算等资料为依据，编制工程物资库存预算。	工程物资库存预算
05	编制工程物资采购预算	采购部	以工程物资领用预算和工程物资库存预算、工程物资采购合同和市场价格为依据，编制工程物资采购预算	工程物资采购预算
06	编制工程物资采购付款预算	采购部	以工程物资采购预算、工程物资采购合同、工程物资预算价格等资料为依据，编制工程物资采购付款预算	工程物资采购付款预算
07	编制工程物资应付账款预算	采购部	根据工程物资采购预算和工程物资采购付款预算等资料，编制工程物资应付账款预算	工程物资应付账款预算
08	编制项目费用及资金支付预算	工程部	根据工程项目费用支出计划，编制工程项目发生的管理费、征地费、可行性研究费、临时设施费、公证费、监理费等项目费用及资金支付预算	项目费用及资金支付预算
09	编制工程款支付预算	工程部	以工程项目合同、工程项目进度计划和工程施工款支付计划等资料为依据，编制工程款支付预算	工程款支付预算

（续表）

编号	活动名称	责任主体	活动要点	输出成果
10	编制工程项目竣工预算	工程部	以工程项目概预算、工程项目进度计划和工程项目竣工验收计划等资料为依据，编制工程项目竣工预算	工程项目竣工预算
11	编制在建工程预算	工程部	以在建工程期初预计余额、工程物资领用预算、项目费用及资金支付预算、工程施工款支付预算和工程项目竣工预算等资料为依据，编制在建工程预算	在建工程预算
12	会计审核	主管会计	主要审核工程物资领用预算、在建工程预算等工程项目预算编制的准确性	会计审核后的预算
13	部门审核	部门领导	审核、确认工程项目预算	部门领导审核后的预算
14	领导签批	分管领导	公司分管工程项目的领导签批工程项目预算	领导签批后的预算
15	预算审核	预算管理部	预算管理部会同有关部门审查、评议职能部门上报的预算，向各部门下达《预算调整意见书》；职能部门根据调整意见，对预算进行修改和完善	审核通过的部门预算
16	全面预算汇编	预算管理部	审核通过的预算纳入公司全面预算汇编流程	—

五、编制工程项目总预算

（一）工程项目总预算表

工程项目总预算表的格式如表 8-3 所示。

表 8-3　2021 年工程项目总预算表

编制部门：　　　　　编制时间：　　年　月　日　　　　　　　　　金额单位：元

序号	项目名称		项目性质	建设方式	自营□ 出包□	建设期间		
	项目内容	预算金额	分期投资金额					
			2021 年	2022 年	2023 年	…		
1.	建筑工程							
1.1	土建工程							

金额单位:元(续表)

序号	项目名称		项目性质	建设方式	自营□	建设期间	
					出包□		
	项目内容	预算金额			分期投资金额		
			2021 年		2022 年	2023 年	…
1.2	给排水工程						
1.3	电气照明工程						
…	…						
2.	设备购置						
2.1	机械设备						
2.2	电气设备						
2.3	热力设备						
…	…						
3.	安装工程						
3.1	机械设备安装						
3.2	电气设备安装						
3.3	热力设备安装						
…	…						
4.	其他费用						
4.1	征地费						
4.2	勘察设计费						
4.3	预备费用						
…	…						
合计		—					

(二) 填表说明

工程项目总预算是工程项目投资总额的预算,主要依据工程项目概预算、施工图预算、工程物资预算价格、工程项目合同、工程项目进度计划等资料编制。编制原则是一个项目编制一张表。各项目释义及填写方法如下:

(1) 项目名称:填写工程项目的具体名称。

(2) 项目性质:填写工程项目建设的性质,如新建、改建、扩建、技术改造、设备更新、大修理等。

(3) 建设方式:工程项目建设方式,通常有"自营"和"出包"两种方式。自营是指企业自行购买工程用料、自行施工并进行管理的工程项目;出包是指企业通过签订合同,由其他企业承包建造的工程项目。

(4) 建设期间:填写工程项目建设的起止时间。

(5) 项目内容:工程项目建设的主要构成,一般由建筑工程、设备购置、安装工程、其他费用四个部分组成。

(6) 建筑工程:建筑物和构筑物的新建、改建、扩建及其相关的装修、拆除、修缮等工程。

(7) 设备购置:为工程项目购置或自制的各种国产或进口设备、工具和器具。

(8) 安装工程:各种需要安装的机械设备的装配、装置工程,与设备相连的工作台、梯子等装设工程,附属于被安装设备的管线铺设和绝缘、保温、油漆以及单个设备的无负荷试车工程。

(9) 其他费用:根据有关规定应列入工程项目投资的建设费用,包括征地费、拆迁费、勘察设计费、管理费、可行性研究费、临时设施费、公证费、监理费、预备费、建设期的借款利息等。

(10) 预算金额:填写工程项目各项支出投资金额。

(11) 分期投资金额:填写工程项目按计划进度进行投资的数额和时间安排。

(12) 合计:纵向的预算金额和各期投资金额需要合计,横向的项目不需合计金额。

六、编制工程物资领用预算

(一) 工程物资领用预算表

工程物资领用预算表的格式如表 8-4 所示。

表 8-4　2021 年工程物资领用预算表

编制部门:　　　　　　编制时间:　　年　　月　　日　　　　　　金额单位:元

物资类别	物资编码	物资名称	规格型号	计量单位	预算单价	1 季度		2 季度		3 季度		4 季度		全年合计	
						领用量	金额	领用量	金额	领用量	金额	领用量	金额	领用量	金额
专用材料															
专用设备															

金额单位:元(续表)

物资类别	物资编码	物资名称	规格型号	计量单位	预算单价	1季度		2季度		3季度		4季度		全年合计	
						领用量	金额	领用量	金额	领用量	金额	领用量	金额	领用量	金额
工具器具															
合计	—	—	—	—	—		—		—		—		—		—

预算管理部: 　　　分管领导: 　　　部门领导: 　　　主管会计: 　　　编制人:

(二)填表说明

工程物资领用预算是预算期内工程项目领用工程物资的预算,主要以施工图预算、工程项目进度计划和工程物资领用计划为依据编制,按照每个工程项目填制一张表的原则填列。年度预算要细化到季度或月度。各项目释义及填写方法如下:

(1)项目名称:填写工程项目的具体名称。

(2)物资类别:工程物资按用途分为专用材料、专用设备、工具器具三大类。

(3)物资编码:填写预算数据库中的物资编码。

(4)物资名称:填写符合国家标准的物资名称。

(5)规格型号:规格指表示物资性能的某些主要指标,如成分、含量、纯度、强度、尺寸、色泽等;型号指表示物资规格集合的"名称"或"代码"。

(6)计量单位:填写符合国家标准的长度单位、面积单位、体积单位、容积单位、质量单位、数量单位等,既可以用名称,也可以用符号,但必须保持一致。

(7)预算单价:填写经企业核准的预算期内各种工程物资的不含税预算价格。

(8)领用量:根据施工图预算、工程项目进度计划和工程物资领用计划计算各种物资的领用数量。

(9)金额:填写按照公式"金额=预算单价×领用量"计算的各种物资的领用金额。

(10)合计:横向各季度"领用量"和"金额"需要计算每年度的合计数,纵向只合计"金额"项,其他项目不需要合计。

七、编制工程物资库存预算

(一)工程物资库存预算表

工程物资库存预算表的格式如表8-5所示。

表 8-5　2021 年工程物资库存预算表

编制部门：　　　　　编制时间：　　年　　月　　日　　　　　　　金额单位：元

物资类别	物资编码	物资名称	规格型号	计量单位	预算单价	期初库存		本期入库		本期出库		期末库存	
						数量	金额	数量	金额	数量	金额	数量	金额
专用材料													
专用设备													
工具器具													
合计	—	—	—	—	—		—		—		—		—

预算管理部：　　　分管领导：　　　部门领导：　　　主管会计：　　　编制人：

（二）填表说明

工程物资库存预算是预算期内企业工程物资出库、入库，以及期初、期末结存的预算，根据工程物资期初预计结存、工程物资预算价格、工程物资领用预算等资料编制，年度预算需要细化到季度或月度。编制的基本规则如下：以物资为对象填列，一个物资编码填写一行。各项目释义及填写方法如下：

（1）物资类别：工程物资按用途分为专用材料、专用设备、工具器具三大类。

（2）物资编码：填写预算数据库中的物资编码。

（3）物资名称：填写符合国家标准的物资名称。

（4）规格型号：规格指表示物资性能的某些主要指标，如成分、含量、纯度、强度、尺寸、色泽等；型号指表示物资规格集合的"名称"或"代码"。

（5）计量单位：填写符合国家标准的长度单位、面积单位、体积单位、容积单位、质量单位、数量单位等，既可以用名称，也可以用符号，但必须保持一致。

（6）预算单价：填写经企业核准的预算期内各种工程物资的不含税预算价格。

（7）期初库存：根据各种物资编制预算时的实际库存情况合理测算，库存金额根据公式"库存金额 = 库存数量×预算单价"计算填列。

（8）本期入库：入库数量根据公式"本期入库 = 期末库存 + 本期出库 − 期初库存"计算填列，入库金额根据公式"金额 = 数量×预算单价"计算填列。

（9）本期出库：出库数量和出库金额根据工程物资领用预算（表 8-4）汇总填列。

（10）期末库存：期末库存数量根据各种物资的库存定额和实际需要测算，库存金额根据公式"库存金额＝库存数量×预算单价"计算填列。

（11）合计：纵向的期初库存、本期入库、本期出库和期末库存项目需要合计金额，其他项目不需要合计金额。

八、编制工程物资采购预算

（一）工程物资采购预算表

工程物资采购预算表的格式如表8-6所示。

表8-6　2021年工程物资采购预算表

编制部门：　　　　　编制时间：　年　月　日　　　　　金额单位：元

物资类别	物资编码	物资名称	规格型号	计量单位	预算单价	增值税税率	1季度			2季度			3季度			4季度			全年合计		
							采购数量	含税采购额	不含税采购额	采购数量	含税采购额	不含税采购额	采购数量	含税采购额	不含税采购额	采购数量	含税采购额	不含税采购额	采购数量	含税采购额	不含税采购额
专用材料																					
专用设备																					
工具器具																					
合计	—									—			—			—					

预算管理部：　　　分管领导：　　　部门领导：　　　主管会计：　　　编制人：

（二）填表说明

工程物资采购预算是预算期内采购工程项目用材料、设备、工具、器具的预算，主要根据工程物资库存预算（表8-5）编制，年度预算细化到季度或月度。工程物资采购一般采用招标方式进行，在编制年度预算时具体的供应商还没确定，因此年度预算不需要填写供应商信息。各项目释义及填写方法如下：

（1）物资类别：工程物资按用途分为专用材料、专用设备、工具器具三大类。

(2) 物资编码：填写预算数据库中的物资编码。

(3) 物资名称：填写符合国家标准的物资名称。

(4) 规格型号：规格指表示物资性能的某些主要指标，如成分、含量、纯度、强度、尺寸、色泽等；型号指表示物资规格集合的"名称"或"代码"。

(5) 计量单位：填写符合国家标准的长度单位、面积单位、体积单位、容积单位、质量单位、数量单位等，既可以用名称，也可以用符号，但必须保持一致。

(6) 预算单价：填写经企业核准的预算期内各种工程物资的含税预算价格。

(7) 增值税税率：根据不同物资适用的增值税税率填写。

(8) 采购数量：根据工程物资库存预算（表8-5）中对应物资的入库数量计算填列。

(9) 含税采购额：根据公式"含税采购额＝采购数量×预算单价"计算填列。

(10) 不含税采购额：不含税采购额与工程物资库存预算（表8-5）中的本期入库金额一致，也可以根据公式"不含税采购额＝含税采购额÷（1+增值税税率）"计算填列。

(11) 合计：纵向不含税采购额和含税采购额项目需要合计金额，横向四个季度的数据需合计得出全年数。

九、编制工程物资采购付款预算

（一）工程物资采购付款预算表

工程物资采购付款预算表的格式如表8-7所示。

表8-7　2021年工程物资采购付款预算表

编制部门：　　　　　　编制时间：　　年　　月　　日　　　　　　金额单位：元

物资类别	1 季度				2 季度				3 季度				4 季度				全年合计			
	本期应付	本期付款	结算方式		本期应付	本期付款	结算方式		本期应付	本期付款	结算方式		本期应付	本期付款	结算方式		本年应付	本年付款	结算方式	
			现款	承兑			现款	承兑			现款	承兑			现款	承兑			现款	承兑
专用材料																				
专用设备																				
工具器具																				
合计																				

预算管理部：　　　　分管领导：　　　　部门领导：　　　　主管会计：　　　　编制人：

(二) 填表说明

工程物资采购付款预算是预算期内企业工程物资采购业务所需支付资金的预算,以物资类别为对象,以工程物资采购付款计划、付款政策、工程物资采购合同、期初应付账款余额、工程物资采购预算等资料为依据编制,年度预算要细化到季度或月度,月度预算要细化到每周。该预算的编制比较复杂,需要采购主管会计与采购部、工程部的业务人员协同完成。年度预算如果不能明确工程物资的供应商,则可以按物资类别进行安排。各项目释义及填写方法如下:

(1) 物资类别:工程物资按用途分为专用材料、专用设备、工具器具三大类。

(2) 本期应付:预算期工程物资应付账款总额,包括期初应付账款余额和预算期新增的应付账款数额,即"本期应付=应付账款期初余额+预算期含税采购额"。预算期含税采购额要符合公式"预算期含税采购额=采购数量×预算单价"。

(3) 本期付款:预算期内按付款政策支付的物资采购款,要以物资类别为对象,按照各类物资适用的付款政策、采购物资的供求关系、采购合同和工程物资采购付款计划等因素逐一核定付款金额。

(4) 结算方式:采购付款的结算方式,主要包括银行汇票、银行本票、商业汇票、汇兑、托收承付、汇款、信用证等结算方式。为了简化说明过程,本表设计为现款和承兑两种结算方式,其中承兑是指商业汇票,现款是指除商业汇票之外的其他结算方式,现款和承兑的合计金额要等于本期付款额。

(5) 合计:纵向金额项目均需计算合计金额数,横向四个季度的对应项目需计算合计金额得出全年数。

十、编制工程物资应付账款预算

(一) 工程物资应付账款预算表

工程物资应付账款预算表的格式如表 8-8 所示。

表 8-8　2021 年工程物资应付账款预算表

编制部门:　　　　　编制时间:　　年　月　日　　　　　金额单位:元

物资类别	1 季度				2 季度			3 季度			4 季度			全年合计			
	期初余额	本期增加	本期付款	期末余额	本期增加	本期付款	期末余额	本期增加	本期付款	期末余额	本期增加	本期付款	期末余额	期初余额	本期增加	本期付款	期末余额
专用材料																	
专用设备																	

金额单位:元(续表)

物资类别	1季度				2季度			3季度			4季度			全年合计			
	期初余额	本期增加	本期付款	期末余额	本期增加	本期付款	期末余额	本期增加	本期付款	期末余额	本期增加	本期付款	期末余额	期初余额	本期增加	本期付款	期末余额
工具器具																	
合计																	

预算管理部:　　　分管领导:　　　部门领导:　　　主管会计:　　　编制人:

(二) 填表说明

工程物资应付账款预算是预算期内工程物资应付账款发生额及期初、期末余额的预算,以物资类别为对象,以工程物资采购付款预算(表8-7)、工程物资应付账款期初预计余额、工程物资采购合同等资料为依据编制,年度预算要细化到季度或月度,月度预算要细化到每周。年度预算如果不能明确工程物资的供应商,则可以按物资类别进行安排。各项目释义及填写方法如下:

(1) 物资类别:工程物资按用途分为专用材料、专用设备、工具器具三大类。

(2) 期初余额:工程物资应付账款期初余额,根据公司付款政策、编制预算时工程物资应付账款实际余额,基期还将发生的应付账款增加、减少数额等情况确定。

(3) 本期增加:预算期新增加的工程物资应付账款,即本期物资含税采购额,预算期含税采购额根据工程物资采购预算(表8-6)中的有关项目填列。

(4) 本期付款:预算期内按付款政策和工程物资采购付款计划支付的采购款,根据工程物资采购付款预算(表8-7)中的本期付款项目填列。

(5) 期末余额:预算期末的工程物资应付账款余额,按照公式"期末余额=期初余额+本期增加-本期付款"计算填列。

(6) 合计:纵向的金额项目均需合计金额数,横向的本期增加、本期付款由四个季度的对应项目金额数合计得出,期初余额和期末余额分别是第1季度期初余额和第4季度期末余额。

十一、编制项目费用及资金支付预算

(一) 项目费用及资金支付预算表

项目费用及资金支付预算表的格式如表8-9所示。

表 8-9　2021 年项目费用及资金支付预算表

编制部门：　　　　　　　　编制时间：　　年　　月　　日
项目名称：　　　　　　　　　　　　　　　　　　　　金额单位:元

费用编码	费用名称	费用预算					资金预算				
		1季度	2季度	3季度	4季度	合计	1季度	2季度	3季度	4季度	合计
	管理费										
	征地费										
	拆迁费										
	勘察设计费										
	可行性研究费										
	临时设施费										
	公证费										
	监理费										
	借款利息										
	其他										
—	合计										

预算管理部：　　　分管领导：　　　部门领导：　　　主管会计：　　　编制人：

（二）填表说明

项目费用及资金支付预算是预算期内企业工程项目建设管理费、征地费、可行性研究费等费用发生及所需支付资金的预算，按照每个工程项目填制一张表的原则编制，然后汇总编制项目费用及资金支付总预算，年度预算要细化到季度或月度。因为项目费用发生与资金支付一般同步进行，所以项目费用预算与资金支付预算可以在同一个预算中同步编制。各项目释义及填写方法如下：

（1）项目名称:填写工程项目的具体名称。

（2）费用编码:填写预算数据库中在建工程科目"待摊支出"项下的费用明细项目编码。

（3）费用名称:填写财务部规定的工程项目费用标准名称,包括管理费、征地费、拆迁费、勘察设计费、可行性研究费、临时设施费、公证费、监理费、建设期的借款利息及其他等。

（4）费用预算:填写各预算期内预计发生的项目费用。

（5）资金预算:填写各预算期内需要支付现金的项目费用。

（6）合计：纵向对以金额为计量单位的项目的余额进行合计，横向将四个季度发生的费用及资金支付金额进行合计。

十二、编制工程款支付预算

（一）工程款支付预算表

工程款支付预算表的格式如表 8-10 所示。

表 8-10　2021 年工程款支付预算表

编制部门：　　　　　　编制时间：　年　月　日　　　　　　金额单位：元

项目编码	项目名称	施工商编码	施工商名称	1季度			2季度			3季度			4季度			全年合计		
				现款	承兑	共计	现款	承兑	共计	现款	承兑	共计	现款	承兑	共计	现款	承兑	共计
合计	—	—	—															

预算管理部：　　　　分管领导：　　　　部门领导：　　　　主管会计：　　　　编制人：

（二）填表说明

工程款支付预算是预算期内企业向施工单位支付工程项目款的预算，按工程项目和施工单位名称填列，主要编制依据是建筑安装工程承包合同、项目资金使用计划和工程项目进度计划等资料。年度预算要细化到季度或月度，月度预算要细化到每周。各项目释义及填写方法如下：

（1）项目编码：填写预算数据库中的工程项目编码。

（2）项目名称：填写工程项目的具体名称。

（3）施工商编码：填写预算数据库中的施工单位编码。

（4）施工商名称：填写施工单位的具体名称。

（5）现款：现金、银行本票、银行汇票、支票、汇兑等可以立即付出工程款的结算方式。

（6）承兑：商业汇票，由出票人签发，委托付款人在指定日期无条件支付确定的金额给持票人的票据，分为商业承兑汇票和银行承兑汇票。

（7）共计：现款和承兑方式的合计付款金额。

(8) 合计:纵向的金额项目均需合计金额数,横向四个季度的对应项目的金额数需合计得出全年数。

十三、编制工程项目竣工预算

(一) 工程项目竣工预算表

工程项目竣工预算表的格式如表 8-11 所示。

表 8-11　2021 年工程项目竣工预算表

编制部门:　　　　　编制时间:　年　月　日　　　　　金额单位:元

项目编码	项目名称	竣工时间	项目预算	竣工预算	竣工预算构成			
					建筑工程	设备购置	安装工程	其他费用
合计	—	—						

预算管理部:　　　分管领导:　　　部门领导:　　　主管会计:　　　编制人:

(二) 填表说明

工程项目竣工预算是预算期内计划竣工的工程项目的预算,是编制在建工程预算和固定资产增减变动预算的重要依据。竣工预算主要依据工程项目预算、施工图预算、招标标底、工程项目合同、工程结算等资料编制。各项目释义及填写方法如下:

(1) 项目编码:填写预算数据库中的工程项目编码。

(2) 项目名称:填写工程项目的具体名称。

(3) 竣工时间:填写工程项目在预算期内的竣工月份。

(4) 项目预算:填写工程项目投资总额预算。

(5) 竣工预算:填写工程项目竣工后的预计投资总额。

(6) 建筑工程:建筑物和构筑物的新建、改建、扩建及其相关的装修、拆除、修缮等工程。

(7) 设备购置:为工程项目购置或自制的各种国产或进口设备、工具和器具。

(8) 安装工程:各种需要安装的机械设备的装配、装置工程。

(9) 其他费用:根据有关规定应列入工程项目投资的建设费用,包括征地费、拆迁费、勘察设计费、管理费、可行性研究费、临时设施费、公证费、监理费、建设期的借款利息及其他等。

（10）合计：纵向的金额项目均需计算合计数，横向的建筑工程、设备购置、安装工程、其他费用项目金额的合计数等于竣工预算数。

十四、编制在建工程预算

（一）在建工程预算表

在建工程预算表的格式如表8-12所示。

表8-12　2021年在建工程预算表

编制部门：　　　　　编制时间：　年　月　日　　　　　金额单位：元

项目编码	项目名称	1季度				2季度			3季度			4季度			年度预算			
		期初余额	本期增加	本期减少	期末余额	本期增加	本期减少	期末余额	本期增加	本期减少	期末余额	本期增加	本期减少	期末余额	期初余额	本期增加	本期减少	期末余额
合计	—																	

预算管理部：　　　　分管领导：　　　　部门领导：　　　　主管会计：　　　　编制人：

（二）填表说明

在建工程预算是预算期内在建工程项目增减发生额及期初、期末余额的预算，主要依据工程物资领用预算、项目费用及资金支付预算、工程款支付预算和工程项目竣工预算等资料编制，年度预算要细化到季度或月度。各项目释义及填写方法如下：

（1）项目编码：填写预算数据库中的工程项目编码。

（2）项目名称：填写工程项目的具体名称。

（3）期初余额：根据在建工程期初余额表填写。

（4）本期增加：根据工程物资领用预算（表8-4）、项目费用及资金支付预算（表8-9）和工程款支付预算（表8-10）等资料填列。

（5）本期减少：根据工程项目竣工预算（表8-11）等资料填列。

（6）期末余额：根据公式"期末余额＝期初余额＋本期增加－本期减少"计算填列。

（7）合计：纵向的金额项目均需计算合计数，横向年度预算的本期增加、本期减少的数额由四个季度的对应项目的数额合计得出，期初余额和期末余额分别是第1季度期初余额和第4季度期末余额。

第二节 固定资产预算

一、定义

固定资产预算是预算期内企业固定资产投资和增减变动的预算,主要包括固定资产购置预算、固定资产应付账款与资金支付预算、固定资产处置与资金收入预算、固定资产增减变动预算等。

二、编制部门

固定资产预算由采购部、财务部负责编制,设备部、行政部予以协助。

三、编制依据

固定资产预算的编制依据如表 8-13 所示。

表 8-13 编制依据

序号	资料名称	资料说明	提供部门
1	生产用固定资产购置计划	经企业批准的预算期内不需安装的生产用固定资产购置计划	设备部
2	非生产用固定资产购置计划	经企业批准的预算期内不需安装的非生产用固定资产购置计划	行政部
3	生产用固定资产处置计划	经企业批准的预算期内生产用固定资产处置计划	设备部
4	非生产用固定资产处置计划	经企业批准的预算期内非生产用固定资产处置计划	行政部
5	合格设备供应商目录	经企业核准的设备供应商目录	采购部
6	固定资产报价单	采购部收集整理的设备供应商提报的固定资产购置报价单	采购部
7	付款政策	企业制定的预算期内购置固定资产的付款政策	采购部
8	应付账款期初余额	预算期期初固定资产应付账款的余额清单	采购部
9	固定资产明细清单	企业预算期期初的固定资产原值、累计折旧和减值准备明细表	财务部
10	工程项目竣工预算	企业预算期内计划竣工投入使用的工程项目结转固定资产的预算	财务部

四、编制流程

(一) 编制流程图

固定资产预算编制流程图如图 8-2 所示。

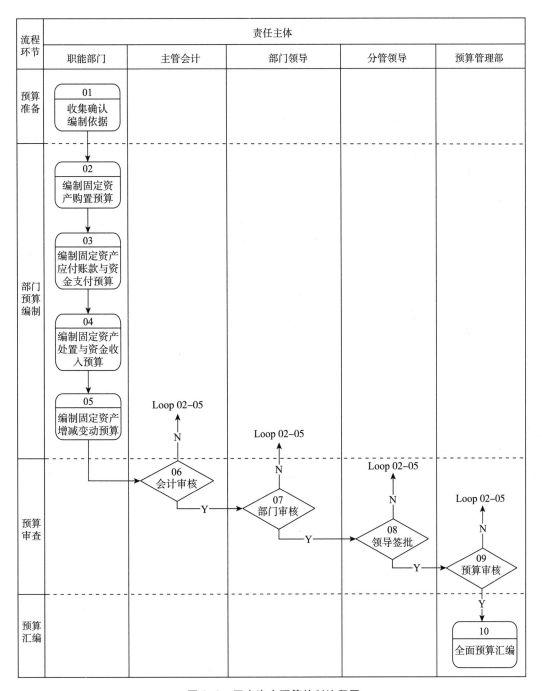

图 8-2 固定资产预算编制流程图

(二) 编制流程说明

固定资产预算的编制流程说明如表 8-14 所示。

表 8-14 编制流程说明

编号	活动名称	责任主体	活动要点	输出成果
01	收集确认编制依据	采购部	(1) 收集固定资产购置计划、固定资产处置计划、合格设备供应商目录、固定资产报价单、固定资产明细清单、付款政策、工程项目竣工预算等资料 (2) 确认预算编制依据收集齐全、内容准确无误	预算编制所需的全部编制依据
02	编制固定资产购置预算	采购部	根据固定资产购置计划、固定资产处置计划、合格设备供应商目录、固定资产报价单等资料,编制固定资产购置预算	固定资产购置预算
03	编制固定资产应付账款与资金支付预算	采购部	根据固定资产购置预算、购置合同、应付款期初余额等资料,编制固定资产应付账款与资金支付预算	固定资产应付账款与资金支付预算
04	编制固定资产处置与资金收入预算	设备部	根据固定资产处置计划、固定资产明细清单等资料,编制固定资产处置与资金收入预算	固定资产处置与资金收入预算
05	编制固定资产增减变动预算	财务部	根据固定资产购置预算、固定资产处置与资金收入预算、工程项目竣工预算等资料,编制预算期内固定资产增减变动预算	固定资产增减变动预算
06	会计审核	主管会计	主要审核固定资产购置预算、固定资产应付账款与资金支付预算、固定资产处置与资金收入预算、固定资产增减变动预算的编制依据是否充分,预算项目运用是否恰当,数据计算是否准确等内容	会计审核后的预算
07	部门审核	部门领导	审核并确认固定资产购置预算、固定资产应付账款与资金支付预算、固定资产处置与资金收入预算、固定资产增减变动预算	部门领导审核后的预算
08	领导签批	分管领导	公司分管领导签批固定资产购置预算、固定资产应付账款与资金支付预算、固定资产处置与资金收入预算、固定资产增减变动预算	领导签批后的预算

（续表）

编号	活动名称	责任主体	活动要点	输出成果
09	预算审核	预算管理部	预算管理部会同有关部门审查、评议职能部门上报的预算,向各部门下达《预算调整意见书》;职能部门根据调整意见,对预算进行修改和完善	审核通过的部门预算
10	全面预算汇编	预算管理部	审核通过的预算纳入公司全面预算汇编流程	—

五、编制固定资产购置预算

（一）固定资产购置预算表

固定资产购置预算表的格式如表 8-15 所示。

表 8-15　2021 年固定资产购置预算表

编制部门：　　　　　　　编制时间：　　年　　月　　日　　　　　　金额单位：元

使用部门	供应商	购置时间	资产类别	资产名称	计量单位	购置数量	含税单价	增值税税率	购置金额	
									含税	不含税
合计	—	—	—	—	—	—	—	—		

预算管理部：　　　　分管领导：　　　　部门领导：　　　　主管会计：　　　　编制人：

（二）填表说明

固定资产购置预算是预算期内企业购置固定资产的预算,根据固定资产购置计划、合格设备供应商目录、固定资产报价单和付款政策等资料填列,年度预算要细化到季度或月度。各项目释义及填写方法如下：

（1）使用部门：填写使用某项固定资产的部门名称,如果属于共用资产,则填写"共用资产"。

（2）供应商：填写某项固定资产的供应商名称,未确定供应商的可以不填写。

（3）购置时间：填写某项固定资产的购置季度或月度。

（4）资产类别：填写企业固定资产管理及核算制度中规定的固定资产类别,如房屋及建筑物、机器设备、运输设备、电子设备、其他设备等。

（5）资产名称：填写符合国家标准的固定资产名称。

（6）计量单位：填写符合国家标准的长度单位、面积单位、体积单位、容积单位、质量单位、数量单位等,既可以用名称,也可以用符号,但必须保持一致。

(7) 购置数量:填写购置某项固定资产的数量。

(8) 含税单价:填写经过查询的某项固定资产的含税采购单价。

(9) 增值税税率:填写购置固定资产适用的增值税税率。

(10) 含税购置金额:根据公式"含税购置金额=购置数量×含税单价"计算填列。

(11) 不含税购置金额:根据公式"不含税购置金额=含税购置金额÷(1+增值税税率)"计算填列。

(12) 合计:纵向的购置金额项目需要计算合计数。

六、编制固定资产应付账款与资金支付预算

(一) 固定资产应付账款与资金支付预算表

固定资产应付账款与资金支付预算表的格式如表 8-16 所示。

表 8-16　2021 年固定资产应付账款与资金支付预算表

编制部门:　　　　　　编制时间:　　年　　月　　日　　　　　　金额单位:元

供应商编码	供应商名称	资产名称	期初余额	本期增加	本期付款			期末余额
					现款	承兑	金额	
合计	—	—						

预算管理部:　　　分管领导:　　　部门领导:　　　主管会计:　　　编制人:

(二) 填表说明

固定资产应付账款与资金支付预算是预算期内企业固定资产购置业务应付账款发生额、期初和期末余额及资金支付额的预算,按照一个供应商填列一行的原则编制,年度预算要细化到季度或月度。各项目释义及填写方法如下:

(1) 供应商编码:填写预算数据库中的供应商编码,供应商未确定的可以不填。

(2) 供应商名称:填写供应商全称。

(3) 资产名称:填写购置固定资产的名称。

(4) 期初余额:固定资产应付账款期初余额,根据公司付款政策、编制预算时固定资产应付账款实际余额,基期还将发生的固定资产应付账款增加、减少数额等情况确定。

(5) 本期增加:预算期新增加的固定资产应付账款,根据固定资产购置预算(表 8-15)中的含税购置金额填列。

（6）本期付款：预算期内按付款政策和采购合同支付的固定资产购置款，根据固定资产购置预算（表8-15）、购置合同付款金额与约定的结算方式、固定资产期初应付账款余额等分析填列，现款和承兑付款的合计数为付款金额。

（7）期末余额：预算期期末的固定资产应付账款余额，按照公式"期末余额=期初余额+本期增加-本期付款"计算填列。

（8）合计：纵向的金额项目均需计算合计数。

七、编制固定资产处置与资金收入预算

（一）固定资产处置与资金收入预算表

固定资产处置与资金收入预算表的格式如表8-17所示。

表8-17 2021年固定资产处置与资金收入预算表

编制部门：　　　　　编制时间：　年　月　日　　　　　金额单位：元

使用部门	资产编码	资产名称	资产原值	累计折旧	减值准备	账面净值	处置时间	处置方式				资金收入		
								出售	报废	毁损	其他	现款	承兑	金额
合计	—	—					—	—	—	—	—			

预算管理部：　　　分管领导：　　　部门领导：　　　主管会计：　　　编制人：

（二）填表说明

固定资产处置与资金收入预算是预算期内企业出售、转让、报废固定资产及处置资金收入的预算，根据固定资产处置计划、固定资产清单等资料填列。各项目释义及填写方法如下：

（1）使用部门：填写使用某项固定资产的部门名称，如果属于共用资产，则填写"共用资产"。

（2）资产编码：填写预算数据库中的固定资产编码。

（3）资产名称：填写符合国家标准的固定资产名称。

（4）资产原值：填写预算期内计划处置某项固定资产的账面原值。

（5）累计折旧：填写预算期内计划处置某项固定资产的累计折旧额。

（6）减值准备：填写预算期内计划处置某项固定资产计提的固定资产减值准备。

（7）账面净值：根据公式"账面净值=资产原值-累计折旧-减值准备"计算填列。

（8）处置时间：填写预算年度计划处置某项固定资产的季度或月份。

（9）处置方式：填写预算年度计划处置某项固定资产的具体方式，包括出售、报废或毁损、对外投资、非货币性资产交换、债务重组等。

（10）资金收入：填写处置固定资产的资金收入及结算方式，现款与承兑的合计数等于资金收入金额。

（11）合计：纵向的金额项目均需计算合计数。

八、编制固定资产增减变动预算

（一）固定资产增减变动预算表

固定资产增减变动预算表的格式如表8-18所示。

表8-18　2021年固定资产增减变动预算表

编制部门：　　　　　编制时间：　　年　　月　　日　　　　　金额单位：元

使用部门	资产编码	资产名称	期初余额	本期增加	本期减少	期末余额
合计	—		—			

预算管理部：　　分管领导：　　部门领导：　　主管会计：　　编制人：

（二）填表说明

固定资产增减变动预算是预算期内企业固定资产增减变动及期初、期末余额的预算，该预算的用途主要有两个：一是为编制固定资产折旧预算提供基本依据；二是为编制资产负债表预算提供基本依据。固定资产增减变动预算首先按资产使用部门进行编制，然后汇总编制整个企业的预算，年度预算要细化到季度或月度。各项目释义及填写方法如下：

（1）使用部门：填写使用某项固定资产的部门的名称，如果属于共用资产，则填写"共用资产"。

（2）资产编码：填写预算数据库中的固定资产编码。

（3）资产名称：填写符合国家标准的固定资产名称。

（4）期初余额：填写固定资产预算期期初的原值，根据编制预算时的固定资产实际账面结存，加减基期剩余时间固定资产预计变动情况测算。

（5）本期增加：填写固定资产预算期内增加的原值，根据工程项目竣工预算（表8-11）、固定资产购置预算（表8-15）等资料填列。

（6）本期减少：填写固定资产预算期内减少的原值，根据固定资产处置与资金收入预算（表8-17）等资料填列。

（7）期末余额：填写固定资产预算期期末的原值，根据公式"期末余额＝期初余额＋本期增加－本期减少"计算填列。

（8）合计：纵向金额项目均需计算合计数。

第三节 无形资产预算

一、定义

无形资产预算是预算期内企业无形资产投资、结转和增减变动的预算，主要包括无形资产购置预算、无形资产应付账款与资金支付预算、无形资产处置与资金收入预算、无形资产增减变动预算。

二、编制部门

无形资产预算由研发部、财务部负责编制，采购部予以协助。

三、编制依据

无形资产预算的编制依据如表8-19所示。

表 8-19 编制依据

序号	资料名称	资料说明	提供部门
1	无形资产购置计划	经企业批准的预算期内无形资产购置计划	研发部
2	无形资产处置计划	经企业批准的预算期内无形资产处置计划	研发部
3	研发支出预算	预算期内企业研发支出及结转无形资产的预算表（表5-11）	财务部
4	外购无形资产报价单	采购部收集整理的外购无形资产报价单	采购部
5	无形资产明细清单	企业预算期期初的无形资产原值、摊销和减值准备明细表	财务部

四、编制流程

（一）编制流程图

无形资产预算编制流程图如图8-3所示。

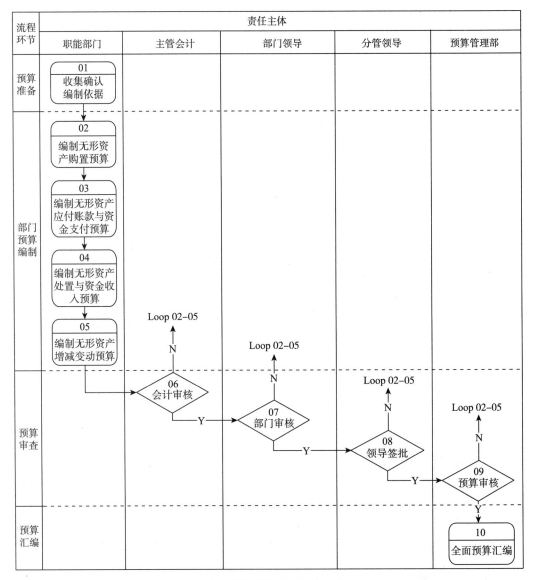

图 8-3 无形资产预算编制流程图

(二) 编制流程说明

无形资产预算的编制流程说明如表 8-20 所示。

表 8-20 编制流程说明

编号	活动名称	责任主体	活动要点	输出成果
01	收集确认编制依据	采购部	(1) 收集无形资产购置计划、无形资产处置计划、研发支出预算、外购无形资产报价单和无形资产明细清单等资料 (2) 确认预算编制依据收集齐全、内容准确无误	预算编制所需的全部编制依据

（续表）

编号	活动名称	责任主体	活动要点	输出成果
02	编制无形资产购置预算	采购部	根据无形资产购置计划、外购无形资产报价单等资料，编制无形资产购置预算	无形资产购置预算
03	编制无形资产应付账款与资金支付预算	采购部	根据无形资产购置预算、购置合同、应付款期初余额等资料，编制无形资产应付账款与资金支付预算	无形资产应付账款与资金支付预算
04	编制无形资产处置与资金收入预算	研发部	根据无形资产处置计划、无形资产明细清单等资料，编制无形资产处置与资金收入预算	无形资产处置与资金收入预算
05	编制无形资产增减变动预算	财务部	根据无形资产购置预算、无形资产处置与资金收入预算、研发支出预算等资料，编制无形资产增减变动预算	无形资产增减变动预算
06	会计审核	主管会计	主要审核无形资产购置预算、无形资产应付账款与资金支付预算、无形资产处置与资金收入预算、无形资产增减变动预算的编制依据是否充分，预算项目运用是否恰当，数据计算是否准确等内容	会计审核后的预算
07	部门审核	部门领导	审核并确认无形资产购置预算、无形资产应付账款与资金支付预算、无形资产处置与资金收入预算、无形资产增减变动预算	部门领导审核后的预算
08	领导签批	分管领导	公司分管领导签批无形资产购置预算、无形资产应付账款与资金支付预算、无形资产处置与资金收入预算、无形资产增减变动预算	领导签批后的预算
09	预算审核	预算管理部	预算管理部会同有关部门审查、评议职能部门上报的预算，向各部门下达《预算调整意见书》；职能部门根据调整意见，对预算进行修改和完善	审核通过的部门预算
10	全面预算汇编	预算管理部	审核通过的预算纳入公司全面预算汇编流程	—

五、编制无形资产购置预算

（一）无形资产购置预算表

无形资产购置预算表的格式如表 8-21 所示。

表 8-21　2021 年无形资产购置预算表

编制部门：　　　　　　编制时间：　　年　月　日　　　　　　　　金额单位：元

使用部门	供应商	购置时间	资产类别	资产名称	增值税税率	购置金额 含税	购置金额 不含税
合计	—	—	—	—	—		

预算管理部：　　　分管领导：　　　部门领导：　　　主管会计：　　　编制人：

（二）填表说明

无形资产购置预算是预算期内企业购置无形资产的预算，根据无形资产购置计划、外购无形资产报价单和付款政策等资料填列，年度预算要细化到季度或月度。各项目释义及填写方法如下：

（1）使用部门：填写使用某项无形资产的部门的名称，如果属于共用资产，则填写"共用资产"。

（2）供应商：填写某项无形资产的供应商名称，未确定供应商的可以不填写。

（3）购置时间：填写某项无形资产的购置季度或月度。

（4）资产类别：填写企业无形资产管理及核算制度中规定的无形资产类别，如专利权、非专利技术、商标权、著作权、土地使用权、特许权、其他等。

（5）资产名称：填写符合国家标准的无形资产名称。

（6）增值税税率：填写某项无形资产适用的增值税税率。

（7）含税金额：填写某项无形资产的含税采购价格。

（8）不含税金额：根据公式"不含税金额=含税金额÷（1+增值税税率）"计算填列。

（9）合计：纵向购置金额项目需要计算合计数。

六、编制无形资产应付账款与资金支付预算

（一）无形资产应付账款与资金支付预算表

无形资产应付账款与资金支付预算表的格式如表 8-22 所示。

表 8-22　2021 年无形资产应付账款与资金支付预算表

编制部门：　　　　　　编制时间：　　年　月　日　　　　　　　　金额单位：元

供应商编码	供应商名称	资产名称	期初余额	本期增加	本期付款 现款	本期付款 承兑	本期付款 金额	期末余额

金额单位:元(续表)

供应商编码	供应商名称	资产名称	期初余额	本期增加	本期付款			期末余额
					现款	承兑	金额	
合计	—	—						

预算管理部:　　　　分管领导:　　　　部门领导:　　　　主管会计:　　　　编制人:

(二)填表说明

无形资产应付账款与资金支付预算是预算期内企业无形资产购置业务应付账款发生额、期初和期末余额及资金支付额的预算。按照一个供应商填列一行的原则编制,年度预算要细化到季度或月度。各项目释义及填写方法如下:

(1)供应商编码:填写预算数据库中的供应商编码,供应商未确定的可以不填。

(2)供应商名称:填写供应商全称。

(3)资产名称:填写购置无形资产的名称。

(4)期初余额:无形资产应付账款期初余额,根据公司付款政策、编制预算时无形资产应付账款实际余额,基期还将发生的无形资产应付账款增加、减少数额等情况确定。

(5)本期增加:预算期新增加的无形资产应付账款,根据无形资产购置预算(表8-21)中的含税购置金额填列。

(6)本期付款:预算期内按付款政策和采购合同支付的无形资产购置款,根据无形资产购置预算(表8-21)、购置合同付款金额与约定的结算方式、无形资产期初应付账款余额分析填列,现款和承兑付款的合计数为付款金额。

(7)期末余额:预算期期末的无形资产应付账款余额,按照公式"期末余额=期初余额+本期增加-本期付款"计算填列。

(8)合计:纵向的金额项目均需计算合计数。

七、编制无形资产处置与资金收入预算

(一)无形资产处置与资金收入预算表

无形资产处置与资金收入预算表的格式如表8-23所示。

表8-23　2021年无形资产处置与资金收入预算表

编制部门:　　　　　　编制时间:　　年　　月　　日　　　　　　金额单位:元

使用部门	资产编码	资产名称	资产原值	累计摊销	减值准备	账面净值	处置时间	处置方式			资金收入		
								出售	报废	其他	现款	承兑	金额

金额单位:元(续表)

使用部门	资产编码	资产名称	资产原值	累计摊销	减值准备	账面净值	处置时间	处置方式			资金收入		
								出售	报废	其他	现款	承兑	金额
合计	—	—					—	—	—	—			

预算管理部:　　　分管领导:　　　部门领导:　　　主管会计:　　　编制人:

(二)填表说明

无形资产处置与资金收入预算是预算期内企业出售、转让、报废无形资产及处置资金收入的预算,根据无形资产处置计划、无形资产明细清单等资料填列。各项目释义及填写方法如下:

(1)使用部门:填写使用某项无形资产的部门的名称,如果属于共用资产,则填写"共用资产"。

(2)资产编码:填写预算数据库中的无形资产编码。

(3)资产名称:填写符合国家标准的无形资产名称。

(4)资产原值:填写预算期内计划处置某项无形资产的账面原值。

(5)累计摊销:填写预算期内计划处置某项无形资产的累计摊销额。

(6)减值准备:填写预算年度计划处置某项无形资产计提的无形资产减值准备。

(7)账面净值:根据公式"账面净值=资产原值-累计摊销-减值准备"计算填列。

(8)处置时间:填写预算年度计划处置某项无形资产的季度或月份。

(9)处置方式:填写预算年度计划处置某项无形资产的具体方式,包括出售、报废、对外投资、非货币性资产交换、债务重组等处置方式。

(10)资金收入:填写处置无形资产的资金收入及结算方式,现款与承兑的合计数等于资金收入金额。

(11)合计:纵向的金额项目需要计算合计数。

八、编制无形资产增减变动预算

(一)无形资产增减变动预算表

无形资产增减变动预算表的格式如表8-24所示。

表8-24　2021年无形资产增减变动预算表

编制部门:　　　　　　编制时间:　　年　月　日　　　　　　　金额单位:元

使用部门	资产编码	资产名称	期初余额	本期增加	本期减少	期末余额

金额单位：元（续表）

使用部门	资产编码	资产名称	期初余额	本期增加	本期减少	期末余额
合计	—	—				

预算管理部： 　　分管领导： 　　部门领导： 　　主管会计： 　　编制人：

（二）填表说明

无形资产增减变动预算是预算期内企业无形资产增减变动及期初、期末余额的预算。该预算的用途主要有两个：一是为编制无形资产摊销预算提供基本依据；二是为编制资产负债表预算提供基本依据。年度预算要细化到月度。各项目释义及填写方法如下：

（1）使用部门：填写使用某项无形资产的部门的名称，如果属于共用资产，则填写"共用资产"。

（2）资产编码：填写预算数据库中的无形资产编码。

（3）资产名称：填写符合国家标准的无形资产名称。

（4）期初余额：填写无形资产预算期期初账面原值，根据编制预算时的无形资产账面金额，加减基期剩余时间无形资产预计变动情况测算。

（5）本期增加：填写无形资产预算期内增加的原值，根据研发支出预算（表5-11）、无形资产购置预算（表8-21）等资料填列。

（6）本期减少：填写无形资产预算期内减少的原值，根据无形资产处置与资金收入预算（表8-23）等资料填列。

（7）期末余额：填写无形资产预算期期末的账面原值，根据公式"期末余额=期初余额+本期增加-本期减少"计算填列。

（8）合计：纵向的金额项目需要计算合计数。

第四节　长期股权投资预算

一、定义

长期股权投资预算是预算期内企业进行长期股权投资活动的预算，主要包括被投资单位、投资类型、投资股份、投资额和持股比例等。

二、编制部门

长期股权投资预算由投资部负责编制，财务部予以协助。

三、编制依据

长期股权投资预算的编制依据如表 8-25 所示。

表 8-25 编制依据

序号	资料名称	资料说明	提供部门
1	长期股权投资计划	企业预算期内长期股权投资的计划安排	投资部
2	可行性研究报告	企业预算期内长期股权投资的可行性研究报告	投资部
3	股权投资协议	企业与被投资单位签署的投资协议书	投资部
4	长期股权投资清单	企业预算期期初的长期股权投资明细表	财务部

四、编制流程

（一）编制流程图

长期股权投资预算编制流程图如图 8-4 所示。

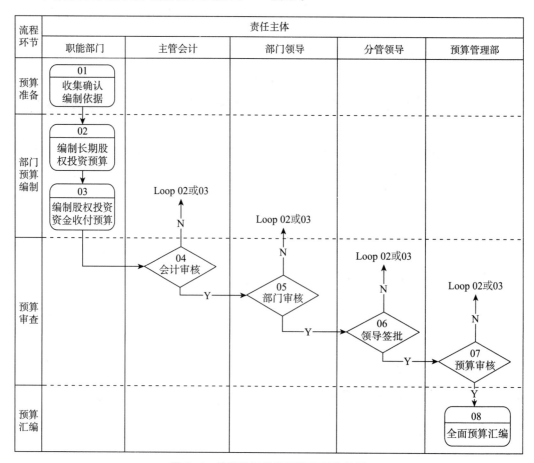

图 8-4 长期股权投资预算编制流程图

(二）编制流程说明

长期股权投资预算的编制流程说明如表 8-26 所示。

表 8-26 编制流程说明

编号	活动名称	责任主体	活动要点	输出成果
01	收集确认编制依据	投资部	（1）收集长期股权投资计划、可行性研究报告、股权投资协议和长期股权投资清单等资料 （2）确认预算编制依据收集齐全、内容准确无误	预算编制所需的全部编制依据
02	编制长期股权投资预算	投资部	根据长期股权投资计划、可行性研究报告、股权投资协议等资料，编制长期股权投资预算	长期股权投资预算
03	编制股权投资资金收付预算	投资部	根据长期股权投资预算、股权投资协议等资料，编制股权投资资金收付预算	股权投资资金收付预算
04	会计审核	主管会计	主要审核长期股权投资预算、股权投资资金收付预算的编制依据是否充分，预算项目运用是否恰当，数据计算是否准确等内容	会计审核后的预算
05	部门审核	部门领导	审核并确认长期股权投资预算、股权投资资金收付预算	部门领导审核后的预算
06	领导签批	分管领导	公司分管领导签批长期股权投资预算、股权投资资金收付预算	领导签批后的预算
07	预算审核	预算管理部	预算管理部会同有关部门审查、评议职能部门上报的预算，向各部门下达《预算调整意见书》；职能部门根据调整意见，对预算进行修改和完善	审核通过的部门预算
08	全面预算汇编	预算管理部	审核通过的预算纳入公司全面预算汇编流程	—

五、编制长期股权投资预算

（一）长期股权投资预算表

长期股权投资预算表的格式如表 8-27 所示。

表 8-27 2021 年长期股权投资预算表

编制部门：　　　　　　编制时间：　年　月　日　　　　　　金额单位：元

被投资单位	类型	期初余额			本期增加		本期减少		期末余额		
		股份	投资额	持股比例	股份	投资额	股份	投资额	股份	投资额	持股比例

金额单位:元(续表)

被投资单位	类型	期初余额			本期增加		本期减少		期末余额		
		股份	投资额	持股比例	股份	投资额	股份	投资额	股份	投资额	持股比例
合计	—			—							—

预算管理部：　　　分管领导：　　　部门领导：　　　主管会计：　　　编制人：

(二) 填表说明

长期股权投资预算包括企业对子公司投资、对合营企业投资和对联营企业投资的预算,根据股权投资计划、可行性研究报告等资料编制,年度预算要细化到季度或月度。各项目释义及填写方法如下:

(1) 被投资单位:填写被投资单位的具体名称。

(2) 类型:根据长期股权投资对被投资单位产生的影响分为控制、共同控制和重大影响三种类型。

(3) 期初余额:填写预算期期初在被投资单位拥有的股份、投资额和持股比例。

(4) 本期增加:填写预算期内计划在被投资单位投资的股份和投资额。

(5) 本期减少:填写预算期内计划在被投资单位收回的股份和投资额。

(6) 期末余额:填写预算期期末在被投资单位拥有的股份、投资额和持股比例。

(7) 合计:纵向投资额需要合计。

六、编制股权投资资金收付预算

(一) 股权投资资金收付预算表

股权投资资金收付预算表的格式如表8-28所示。

表8-28　2021年股权投资资金收付预算表

编制部门：　　　　编制时间：　　年　　月　　日　　　　　金额单位:元

被投资单位	资金支付				资金收回			
	支付时间	现款	其他	金额	收回时间	现款	其他	金额
合计				—				—

预算管理部：　　　分管领导：　　　部门领导：　　　主管会计：　　　编制人：

（二）填表说明

股权投资资金收付预算是预算期内企业向被投资单位股权投资付款和投资收回的预算，根据股权投资计划、可行性研究报告、股权投资协议等资料编制，年度预算要细化到季度或月度。各项目释义及填写方法如下：

（1）被投资单位：填写被投资单位的具体名称。
（2）支付时间：填写向被投资单位支付投资款的时间。
（3）收回时间：填写从被投资单位收回投资款的时间。
（4）现款或其他：根据股权投资协议规定的结算方式填列，未签订协议的按情况预测。
（5）合计：纵向的金额项目需要计算合计数。

第五节 金融资产投资预算

一、定义

金融资产投资预算是预算期内企业进行金融资产投资活动的预算，主要包括债权投资预算、交易性金融资产预算和其他权益工具投资预算。

二、编制部门

金融资产投资预算由投资部负责编制，财务部予以协助。

三、编制依据

金融资产投资预算的编制依据如表 8-29 所示。

表 8-29 编制依据

序号	资料名称	资料说明	提供部门
1	金融资产投资计划	企业预算期内金融资产投资的计划安排	投资部
2	可行性研究报告	企业预算期内金融资产投资的可行性研究报告	投资部
3	金融资产投资清单	企业预算期初金融资产投资明细表	财务部

四、编制流程

（一）编制流程图

金融资产投资预算编制流程图如图 8-5 所示。

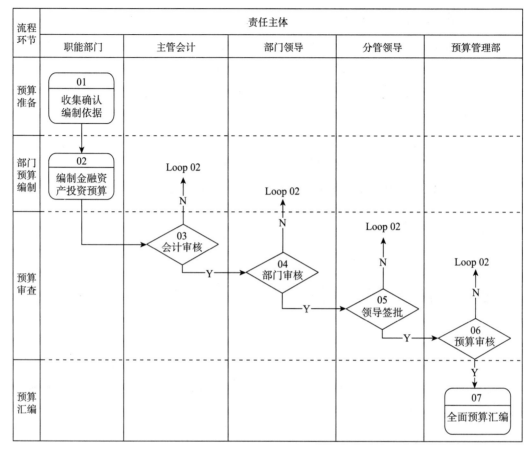

图 8-5 金融资产投资预算编制流程图

(二) 编制流程说明

金融资产投资预算的编制流程说明如表 8-30 所示。

表 8-30 编制流程说明

编号	活动名称	责任主体	活动要点	输出成果
01	收集确认编制依据	投资部	(1) 收集金融资产投资计划、可行性研究报告和金融资产投资清单等资料 (2) 确认预算编制依据收集齐全、内容准确无误	预算编制所需的全部编制依据
02	编制金融资产投资预算	投资部	根据金融资产投资计划、可行性研究报告和金融资产投资清单等资料,编制金融资产投资预算	金融资产投资预算
03	会计审核	主管会计	主要审核金融资产投资预算的编制依据是否充分,预算项目运用是否恰当,数据计算是否准确等内容	会计审核后的预算

（续表）

编号	活动名称	责任主体	活动要点	输出成果
04	部门审核	部门领导	审核、确认金融资产投资预算	部门领导审核后的预算
05	领导签批	分管领导	公司分管领导签批金融资产投资预算	领导签批后的预算
06	预算审核	预算管理部	预算管理部会同有关部门审查、评议职能部门上报的预算,向各部门下达《预算调整意见书》；职能部门根据调整意见,对预算进行修改和完善	审核通过的部门预算
07	全面预算汇编	预算管理部	审核通过的预算纳入公司全面预算汇编流程	—

五、编制金融资产投资预算

（一）金融资产投资预算表

金融资产投资预算表的格式如表 8-31 所示。

表 8-31 2021 年金融资产投资预算表

编制部门：　　　　　编制时间：　　年　月　日　　　　　　　金额单位:元

投资品种	期初余额	本期投资			本期收回			期末余额
		现款	其他	金额	现款	其他	金额	
合计								

预算管理部：　　　分管领导：　　　部门领导：　　　主管会计：　　　编制人：

（二）填表说明

金融资产投资预算根据金融资产投资计划、可行性研究报告和金融资产投资清单等资料填列,年度预算要细化到季度或月度。金融资产投资业务与金融资产投资资金支付或收回同步发生,因此金融资产投资预算也就是金融资产投资资金收付预算。各项目释义及填写方法如下：

（1）投资品种：填写计划投资的品种,如债权投资、股票投资、基金投资等。

（2）期初余额：填写预算期期初的投资余额。

（3）本期投资：填写预算期内计划投入的投资额,投资付款方式有现款和其他两种,现款和其他项目的合计数等于付款金额。

（4）本期收回：填写预算期内计划收回的投资额，投资收回方式有现款和其他两种，现款和其他项目的合计数等于回收金额。

（5）期末余额：填写预算期期末的投资余额，根据公式"期末余额＝期初余额＋本期投资－本期收回"计算填列。

（6）合计：纵向的金额项目需要计算合计数。

第六节　投资收益预算

一、定义

投资收益预算是预算期内企业对外投资所得收入或所发生损失的预算，主要包括企业对外投资取得股利收入和金融资产投资收益等。

二、编制部门

投资收益预算由投资部负责编制，财务部予以协助。

三、编制依据

投资收益预算的编制依据如表8-32所示。

表8-32　编制依据

序号	资料名称	资料说明	提供部门
1	长期股权投资预算	预算期内企业进行长期股权投资活动的预算	投资部
2	金融资产投资预算	预算期内企业进行金融资产投资活动的预算	投资部
3	被投资方利润分配计划	预算期内被投资单位的分红决议、业绩预告或利润分配计划	投资部
4	股权投资转让计划	预算期内企业长期股权投资出售、转让计划	投资部
5	合营/联营企业利润预测	企业合营或联营企业在预算年度预计实现的净利润	投资部
6	金融资产转让计划	预算期内企业债权、股票、理财产品等金融资产的出售计划	投资部

四、编制流程

(一)编制流程图

投资收益预算编制流程图如图 8-6 所示。

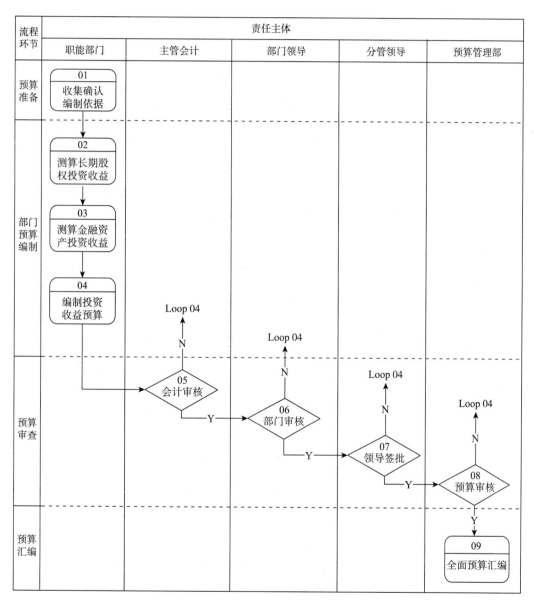

图 8-6 投资收益预算编制流程图

(二)编制流程说明

投资收益预算的编制流程说明如表 8-33 所示。

表 8-33 编制流程说明

编号	活动名称	责任主体	活动要点	输出成果
01	收集确认编制依据	投资部	（1）收集长期股权投资预算、金融资产投资预算、被投资方利润分配计划、股权投资转让计划、合营/联营企业利润预测、金融资产转让计划等资料 （2）确认预算编制依据收集齐全、内容准确无误	预算编制所需的全部编制依据
02	测算长期股权投资收益	投资部	根据长期股权投资预算、被投资方利润分配计划、股权投资转让计划、合营/联营企业利润预测等资料编制长期股权投资收益测算表	长期股权投资收益测算表
03	测算金融资产投资收益	投资部	根据金融资产投资预算、金融资产转让计划等资料编制金融资产投资收益测算表	金融资产投资收益测算表
04	编制投资收益预算	投资部	根据长期股权投资收益测算表和金融资产投资收益测算表编制投资收益预算	投资收益预算
05	会计审核	主管会计	主要审核投资收益预算的编制依据是否充分，预算中的数据计算是否准确等内容	会计审核后的预算
06	部门审核	部门领导	部门领导审核投资收益预算，确认预算的准确性与可行性	部门领导审核后的预算
07	领导签批	分管领导	公司分管领导签批投资部编制的投资收益预算	领导签批后的预算
08	预算审核	预算管理部	预算管理部会同有关部门审查、评议职能部门上报的预算，向各部门下达《预算调整意见书》；职能部门根据调整意见，对预算进行修改和完善	审核通过的部门预算
09	全面预算汇编	预算管理部	审核通过的预算纳入公司全面预算汇编流程	—

五、测算长期股权投资收益

（一）长期股权投资收益测算表

长期股权投资收益测算表的格式如表 8-34 所示。

表 8-34　2021 年长期股权投资收益测算表

编制部门：　　　　　　编制时间：　年　月　日　　　　　　　　　　金额单位：元

被投资单位	持股比例	核算方法	预计分红金额	预计实现净利润	预计转让款	投资收益	
						月份	金额
合计	—	—				—	

（二）填表说明

长期股权投资收益包括子公司分配的股利收入、合营及联营企业实现净利润中应享有的份额以及股权转让产生的投资收益等。企业在编制长期股权投资收益测算表时应根据长期股权投资预算、子公司的股利分配计划、合营及联营企业预计实现的净利润、股权投资转让计划等资料进行测算。各项目释义及填写方法如下：

（1）被投资单位：填写被投资单位的具体名称。

（2）持股比例：填写预算期持有被投资单位的股份比例。

（3）核算方法：填写成本法或权益法，其中对子公司的投资填写成本法，对合营及联营企业的投资填写权益法。

（4）预计分红金额：填写子公司在预算年度预计分配的股利总额，根据子公司的股利分配计划填写。

（5）预计实现净利润：填写合营或联营企业在预算年度预计实现的净利润，根据合营或联营企业净利润预测数据填写。

（6）预计转让款：填写预算期公司拟处置的长期股权投资预计收回的股权转让款。

（7）投资收益：根据被投资单位不同情况逐一测算填列。若被投资单位为子公司，则投资收益根据公式"投资收益＝预计分红金额×持股比例"计算填列；若被投资单位为合营企业或联营企业，则投资收益根据公式"投资收益＝预计实现净利润×持股比例"计算填列；若股权投资计划转让，则投资收益根据公式"投资收益＝预计转让款－长期股权投资账面价值"计算填列，其中长期股权投资账面价值应与长期股权投资预算中本期减少的投资额保持一致。

（8）合计：纵向的金额项目均需计算合计数。

六、测算金融资产投资收益

（一）金融资产投资收益测算表

金融资产投资收益测算表的格式如表 8-35 所示。

表 8-35　2021 年金融资产投资收益测算表

编制部门：　　　　　编制时间：　　年　　月　　日　　　　　　　　金额单位:元

投资类别	投资品种	测算依据	投资收益				
			1 季度	2 季度	3 季度	4 季度	全年合计
债权投资							
交易性金融资产							
其他权益工具投资							
合计	—	—					

（二）填表说明

金融资产投资收益按债权投资、交易性金融资产和其他权益工具投资的具体投资品种进行逐一测算，年度预算要细化到季度或月度。各项目释义及填写方法如下：

（1）投资类别：填写债权投资、交易性金融资产和其他权益工具投资。

（2）投资品种：填写各类投资的具体投资品种，例如债权投资的债券名称，交易性金融资产投资的股票、理财产品，其他权益工具的被投资单位名称等。

（3）测算依据：填写各种投资收益的计算方法和计算依据。

（4）投资收益：填写预算期内各种投资的预期收益金额。

（5）合计：纵向和横向的投资收益均需计算合计数。

七、编制投资收益预算

（一）投资收益预算表

投资收益预算表的格式如表 8-36 所示。

表 8-36　2021 年投资收益预算表

编制部门：　　　　　　编制时间：　　年　　月　　日　　　　　　　　金额单位：元

序号	项目	投资收益				
		1 季度	2 季度	3 季度	4 季度	全年合计
1.	长期股权投资收益					
2.	金融资产投资收益					
2.1	债权投资收益					
2.2	交易性金融资产投资收益					
2.3	其他权益工具投资收益					
3.	合计					

预算管理部：　　　分管领导：　　　部门领导：　　　主管会计：　　　编制人：

（二）填表说明

投资收益预算表根据长期股权投资收益测算表(表 8-34)和金融资产投资收益测算表(表 8-35)填列，年度预算要细化到季度或月度。各项目释义及填写方法如下：

（1）长期股权投资收益：填写公司预算年度长期股权投资获得的收益，根据长期股权投资收益测算表填列。

（2）金融资产投资收益：填写公司预算年度金融资产投资获得的收益，包括债权投资收益、交易性金融资产投资收益、其他权益工具投资收益等，根据金融资产投资收益测算表填列。

（3）投资收益：填写预算期内各种投资的预期收益金额，根据长期股权投资收益测算表和金融资产投资收益测算表填列。

（4）合计：纵向和横向的投资收益金额均需计算合计数。

Chapter 9 第九章

财务预算编制

导言： 财务预算也称作总预算，是预算期内企业经营活动、投资活动、财务活动及其成果的总预算，主要包括利润预算、资金预算和资产负债表预算。财务预算的编制依据主要是销售、生产、采购、费用等经营预算和投资预算。因此，财务预算通常在经营预算和投资预算编制完成后进行汇总编制。

第一节 利润预算

一、定义

利润预算是反映预算期内企业经营活动成果的预算，主要包括营业外收支预算、利润表预算、利润分配预算和所有者权益预算。

二、编制部门

利润预算由财务部负责编制。

三、编制依据

利润预算的编制依据如表 9-1 所示。

表 9-1 编制依据

序号	资料名称	资料说明	提供部门
1	有关经营预算	预算期的销售预算、生产预算、采购预算、税费预算、期间费用预算等与利润表有关的经营预算	编制部门
2	投资收益预算	预算期内企业对外投资所得收入或所发生损失的预算	投资部
3	营业外收入计划	企业制定的预算期内营业外收入计划	财务部
4	营业外支出计划	企业制定的预算期内营业外支出计划	财务部

（续表）

序号	资料名称	资料说明	提供部门
5	所得税税率	企业执行的所得税税率	财务部
6	利润分配计划	企业预算年度的利润分配计划	财务部

四、编制流程

（一）编制流程图

利润预算编制流程图如图 9-1 所示。

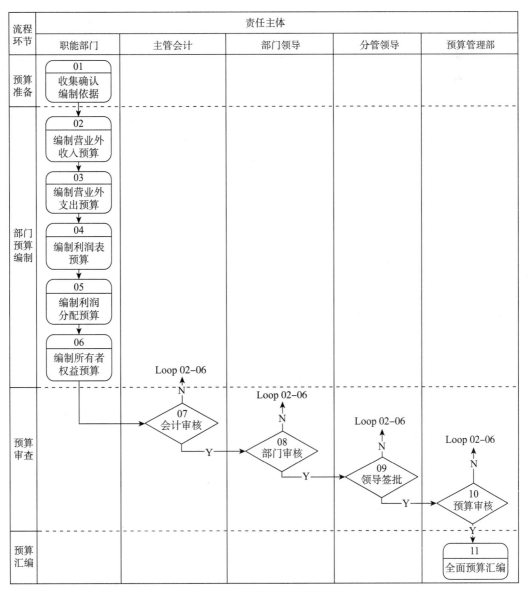

图 9-1 利润预算编制流程图

(二）编制流程说明

利润预算的编制流程说明如表 9-2 所示。

表 9-2　编制流程说明

编号	活动名称	责任主体	活动要点	输出成果
01	收集确认编制依据	财务部	（1）收集有关经营预算、投资收益预算、营业外收支计划、所得税税率和利润分配计划等资料 （2）确认预算编制依据收集齐全、内容准确无误	预算编制所需的全部编制依据
02	编制营业外收入预算	财务部	根据营业外收入计划等资料，编制营业外收入预算	营业外收入预算
03	编制营业外支出预算	财务部	根据营业外支出计划等资料，编制营业外支出预算	营业外支出预算
04	编制利润表预算	财务部	根据有关经营预算、投资收益预算、营业外收支预算和所得税税率等资料，编制利润表预算	利润表预算
05	编制利润分配预算	财务部	根据利润表预算和利润分配计划等资料，编制利润分配预算	利润分配预算
06	编制所有者权益预算	财务部	根据利润表预算和利润分配预算等资料，编制所有者权益预算	所有者权益预算
07	会计审核	主管会计	主要审核营业外收支预算、利润表预算、利润分配预算、所有者权益预算的编制依据是否充分，预算项目运用是否恰当，数据计算是否准确等内容	会计审核后的预算
08	部门审核	部门领导	审核并确认营业外收支预算、利润表预算、利润分配预算、所有者权益预算	部门领导审核后的预算
09	领导签批	分管领导	公司分管领导签批营业外收支预算、利润表预算、利润分配预算、所有者权益预算	领导签批后的预算
10	预算审核	预算管理部	预算管理部会同有关部门审查、评议职能部门上报的预算，向各部门下达《预算调整意见书》；职能部门根据调整意见，对预算进行修改和完善	审核通过的部门预算
11	全面预算汇编	预算管理部	审核通过的预算纳入公司全面预算汇编流程	—

五、编制营业外收入预算

（一）营业外收入预算表

营业外收入预算表的格式如表9-3所示。

表9-3　2021年营业外收入预算表

编制部门：　　　　　　编制时间：　　年　　月　　日　　　　　　金额单位：元

科目编码	明细科目	1季度	2季度	3季度	4季度	全年合计
	政府补助					
	盘盈利得					
	捐赠利得					
	其他利得					
	合计					

预算管理部：　　　分管领导：　　　部门领导：　　　主管会计：　　　编制人：

（二）填表说明

营业外收入预算是预算期内企业发生的与生产经营无直接关系的各项收入的预算，主要依据预算期营业外收入计划编制。各项目释义及填写方法如下：

（1）科目编码：填写预算数据库中的营业外收入明细项目编码。

（2）明细科目：填写财务部规定的营业外收入明细项目标准名称。

（3）政府补助：填写企业从政府无偿取得的，与企业日常经营活动无关的货币性资产或非货币性资产。与企业日常经营活动相关的政府补助，计入其他收益或冲减相关成本费用，并在利润表中的"营业利润"项目之上单独列报。

（4）盘盈利得：填写财产清查中盘盈的现金等资产报经批准后计入营业外收入的金额。

（5）捐赠利得：填写企业接受捐赠产生的利得。

（6）其他利得：填写除上述利得之外其他与生产经营无直接关系的收入。

（7）合计：纵向对各期营业外收入项目的金额进行合计，横向将四个季度发生的营业外收入金额进行合计。

六、编制营业外支出预算

（一）营业外支出预算表

营业外支出预算表的格式如表9-4所示。

表 9-4 2021 年营业外支出预算表

编制部门：　　　　　　　编制时间：　　年　　月　　日　　　　　　金额单位:元

科目编码	明细科目	1 季度	2 季度	3 季度	4 季度	全年合计
	债务重组损失					
	公益性捐赠支出					
	非常损失					
	盘亏损失					
	其他损失					
	合计					

预算管理部：　　　分管领导：　　　部门领导：　　　主管会计：　　　编制人：

（二）填表说明

营业外支出预算是预算期内企业发生的与生产经营无直接关系的各项支出的预算，主要依据预算期营业外支出计划编制。各项目释义及填写方法如下：

（1）科目编码:填写预算数据库中的营业外支出明细项目编码。

（2）明细科目:填写财务部规定的营业外支出明细项目标准名称。

（3）债务重组损失:填写重组债权的账面余额与受让资产的公允价值、所转股份的公允价值或者重组后债权的账面价值之间的差额。

（4）公益性捐赠支出:填写企业对外进行公益性捐赠发生的支出。

（5）非常损失:填写企业因客观因素（如自然灾害等）造成的损失，在扣除保险公司赔偿后计入营业外支出的净损失。

（6）盘亏损失:填写固定资产清查盘点中盘亏的固定资产，查明原因并报经批准计入营业外支出的损失。

（7）其他损失:填写除上述损失之外其他与生产经营无直接关系的支出。

（8）合计:纵向对各期营业外支出项目的金额进行合计，横向将四个季度发生的营业外支出金额进行合计。

七、编制利润表预算

（一）利润表预算表

利润表预算表的格式如表 9-5 所示。

表 9-5　2021 年利润表预算表

编制部门：　　　　　　　编制时间：　　年　　月　　日　　　　　　　金额单位：元

项目编码	项目名称	1季度	2季度	3季度	4季度	全年合计
	营业收入					
	减：营业成本					
	税金及附加					
	销售费用					
	管理费用					
	研发费用					
	财务费用					
	加：其他收益					
	投资收益					
	净敞口套期收益					
	公允价值变动收益					
	信用减值损失					
	资产减值损失					
	资产处置收益					
	营业利润					
	加：营业外收入					
	减：营业外支出					
	利润总额					
	减：所得税费用					
	净利润					

预算管理部：　　　　分管领导：　　　　部门领导：　　　　主管会计：　　　　编制人：

（二）填表说明

利润表预算是反映预算期内企业经营成果的预算，主要依据有关经营预算、投资预算和营业外收支预算编制，是有关经营预算、投资预算和营业外收支预算的有关数据的汇总和加减计算，年度预算要细化到季度或月度。各项目释义及填写方法如下：

（1）项目编码：填写预算数据库中的利润表明细项目编码。

（2）项目名称：填写利润表中的明细项目标准名称。

（3）营业收入：填写预算期内企业主要业务和其他业务所确认的收入总额，根据销售收入预算（表2-8）填列。

（4）营业成本：填写预算期内企业主要业务和其他业务所发生的成本总额，根据销售成本预算（表2-17）填列。

（5）税金及附加：填写预算期内企业经营活动应负担的消费税、城市维护建设税、教育费附加、资源税、房产税、城镇土地使用税、车船税、印花税等相关税费，根据应交税费预算（表7-12）填列。

（6）销售费用：填写预算期内企业在销售产品、自制半成品和劳务过程中发生的各项费用，根据销售费用预算（表2-22）填列。

（7）管理费用：填写预算期内企业为组织和管理生产经营发生的管理费用，根据管理费用预算（表5-5）填列。

（8）研发费用：填写预算期内企业研究开发新技术、新产品、新工艺发生的研发费用支出，根据研发支出预算（表5-11）中的费用化预算合计金额填列。

（9）财务费用：填写预算期内企业筹集生产经营所需资金而发生的筹资费用，根据财务费用预算（表5-19）填列。

（10）其他收益：填写预算期内与企业日常活动相关、但不宜确认收入或冲减成本费用的政府补助，根据预算期内预计收到的政府补助填列。

（11）投资收益：填写预算期内企业以各种方式对外投资所取得的收益，如为投资损失以"－"号填列，根据投资收益预算（表8-36）填列。

（12）净敞口套期收益：填写预算期内企业应用套期保值业务中产生的损益，如为损失以"－"号填列，根据预算期内套期保值业务预计损益数额填列。

（13）公允价值变动收益：填写预算期内企业应当计入当期损益的资产或负债公允价值变动收益，如为净损失以"－"号填列，根据预算期内企业资产或负债的预计公允价值变动损益填列。

（14）信用减值损失：填写预算期内企业因购货人拒付、破产、死亡等原因而遭受的损失，如为损失，以"－"号填列，根据企业会计准则《金融工具确认和计量》规定和金融工具预期信用损失分析填列。

（15）资产减值损失：填写预算期内企业经过资产测试，判断资产的可收回金额低于其账面价值而计提资产减值损失准备所确认的相应损失，如为损失，以"－"号填列，根据有关会计准则规定和各类资产预计减值情况分析填列。

（16）资产处置收益：填写预算期内企业出售划分为持有待售的非流动资产（不含金融工具、长期股权投资和投资性房地产）或处置资产组时确认的处置利得或损失，以及处置未划分为持有待售的固定资产、在建工程、生产性生物资产及无形资产而产生的处置利得或损失,也包括债务重组中因处置非流动资产产生的利得或损失和非货币性资产交换产生的利得或损失,如为处置损失,以"-"号填列,根据有关资产处置计划预测填列。

(17)营业利润:填写预算期内企业从事生产经营活动(包括销售商品和提供劳务等活动)所实现的利润,如为亏损,以"-"号填列,根据公式"营业利润＝营业收入-营业成本-税金及附加-销售费用-管理费用-研发费用-财务费用+其他收益+投资收益+净敞口套期收益+公允价值变动收益+信用减值损失+资产减值损失+资产处置收益"计算填列。

(18)营业外收入:填写预算期内企业发生的与经营业务无直接关系的各项收入,根据营业外收入预算(表9-3)填列。

(19)营业外支出:填写预算期内企业发生的与经营业务无直接关系的各项支出,根据营业外支出预算(表9-4)填列。

(20)利润总额:填写预算期内企业实现的利润,如为亏损,以"-"号填列,根据公式"利润总额＝营业利润+营业外收入-营业外支出"计算填列。

(21)所得税费用:填写预算期内企业应从当期利润总额中扣除的所得税费用,根据应交税费预算(表7-12)填列。

(22)净利润:填写预算期内企业实现的净利润,如为净亏损,以"-"号填列,根据公式"净利润＝利润总额-所得税费用"计算填列。

八、编制利润分配预算

(一)利润分配预算表

利润分配预算表的格式如表9-6所示。

表9-6 2021年利润分配预算表

编制部门: 编制时间: 年 月 日 金额单位:元

序号	项目	预算金额
1	一、净利润	
2	加:年初未分配利润	
3	其他转入	
4	二、可供分配的利润	
5	减:提取法定公积金	
6	提取任意公积金	
7	三、可供股东分配的利润	
8	减:应付投资者利润	
9	四、未分配利润	

预算管理部: 分管领导: 部门领导: 主管会计: 编制人:

(二) 填表说明

利润分配预算是企业预算期内对净利润以及以前年度未分配利润进行分配的预算，主要依据利润表预算、年初未分配利润和利润分配计划等资料编制。各项目释义及填写方法如下：

(1) 净利润：填写预算年度净利润，根据利润表预算（表9-5）填列。

(2) 年初未分配利润：根据公式"未分配利润=可供分配的利润-已经分配的利润"计算填列，编制预算时该数据需要估算，并确保与资产负债表预算中的"未分配利润"完全一致。

(3) 其他转入：填写企业按规定用盈余公积金弥补亏损，以前年度损益调整等转入的数额。

(4) 可供分配的利润：根据公式"可供分配的利润=净利润+年初未分配利润+其他转入"计算填列。

(5) 提取法定公积金：根据公式"提取法定公积金=净利润×10%"计算填列，当公司法定公积金累计额为公司注册资本的50%以上时，可以不再提取法定公积金。

(6) 提取任意公积金：根据利润分配计划提取（实际提取要根据公司章程及股东会的决议）。

(7) 可供股东分配的利润：根据公式"可供股东分配的利润=可供分配的利润-提取法定公积金-提取任意公积金"计算填列。

(8) 应付投资者利润：根据利润分配计划提取（实际提取要根据公司章程及股东会的决议）。

(9) 未分配利润：根据公式"未分配利润=可供股东分配的利润-应付投资者利润"计算填列，并确保与资产负债表预算中的"未分配利润"完全一致。

九、编制所有者权益预算

(一) 所有者权益预算表

所有者权益预算表的格式如表9-7所示。

表9-7　2021年所有者权益预算表

编制部门：　　　　　编制时间：　年　月　日　　　　　金额单位：元

序号	项目名称	实收资本	资本公积	盈余公积	未分配利润	合计
1	1. 预算期期初余额					
2	2. 预算期增减变动金额					

金额单位:元(续表)

序号	项目名称	实收资本	资本公积	盈余公积	未分配利润	合计
3	2.1 净利润					
4	2.2 直接计入所有者权益的利得和损失					
5	2.3 所有者投入和减少资本					
6	2.4 利润分配					
7	2.5 所有者权益内部结转					
8	3. 预算期期末余额					

预算管理部： 分管领导： 部门领导： 主管会计： 编制人：

(二) 填表说明

所有者权益预算是预算期内企业所有者权益变动情况的预算，主要在预算期期初所有者权益余额的基础上，依据利润表预算、利润分配预算等资料分析编制。各项目释义及填写方法如下：

（1）预算期期初余额：根据编制预算时企业所有者权益变动表的实际期末数，加上到年末可能导致企业所有者权益增加的因素，减去到年末可能导致所有者权益减少的因素，经过分析计算后得出。

（2）预算期增减变动金额：根据公式"预算期增减变动金额=净利润+直接计入所有者权益的利得和损失+所有者投入和减少资本+利润分配+所有者权益内部结转"计算填列。

（3）净利润：填写预算年度净利润，根据利润表预算（表9-5）填列。

（4）直接计入所有者权益的利得和损失：主要包括权益法下被投资单位其他所有者权益变动的影响、与计入所有者权益项目相关的所得税影响等内容。分别根据预算期企业在被投资单位的持股比例及被投资单位在预算期的所有者权益变动情况、预算期资产负债表日直接计入所有者权益项目相关的递延所得税资产或递延所得税负债测算填列。

（5）所有者投入和减少资本：反映企业预算期内所有者投入的资本和减少的资本，根据企业预算期的资本变动计划测算填列。

（6）利润分配：反映企业预算期的利润分配金额，根据利润分配预算（表9-6）填列。

（7）所有者权益内部结转：反映企业构成所有者权益的组成部分之间的增减变动情况。

（8）预算期期末余额：根据公式"预算期期末余额=预算期期初余额+预算期增减变动金额"计算填列。

第二节 资金预算

一、定义

资金预算是预算期内企业资金收支、流动及融通活动的预算,主要包括资金运筹预算和现金流量表预算。

这里所说的"资金"是广义的货币资金,指可以立即投入流通,用以购买商品或劳务,或用以偿还债务的交换媒介,包括现金、银行存款、银行承兑汇票和其他货币资金等。

二、编制部门

资金预算是由财务部负责编制,有关职能部门予以协助。

三、编制依据

资金预算的编制依据如表9-8所示。

表9-8 编制依据

序号	资料名称	资料说明	提供部门
1	有关经营预算	预算期的销售预算、生产预算、采购预算、税费预算、期间费用预算等经营预算中涉及资金收支的项目及收支金额	编制部门
2	有关投资预算	预算期的工程项目预算、固定资产预算、无形资产预算、长期股权投资预算、金融资产预算等投资预算中涉及资金收支的项目及收支金额	编制部门
3	有关财务预算	预算期的投资收益预算、营业外收支预算等财务预算中涉及资金收支的项目及收支金额	编制部门
4	金融及资本市场预测	企业对预算期内金融市场、资本市场的资金借贷、资金融通、金融资产价格、市场利率走势等资金融通环境做出的预测报告	投资部
5	货币资金期初余额	预算期初各类货币资金的结存量	财务部
6	资金最佳持有量	按照成本分析模式或资金周转模式测算的预算期资金最佳持有数量	财务部

四、编制流程

(一)编制流程图

资金预算编制流程图如图9-2所示。

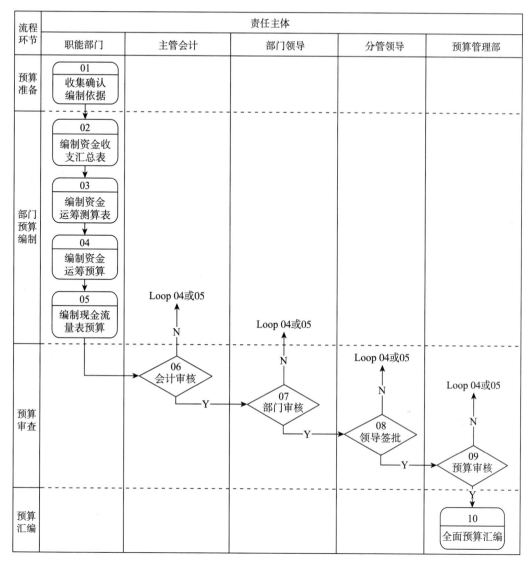

图 9-2 资金预算编制流程图

（二）编制流程说明

资金预算的编制流程说明如表 9-9 所示。

表 9-9 资金预算的编制流程说明

编号	活动名称	责任主体	活动要点	输出成果
01	收集确认编制依据	财务部	（1）收集有关经营预算、有关投资预算、有关财务预算、金融及资本市场预测、货币资金期初余额和资金最佳持有量等资料 （2）确认预算编制依据收集齐全、内容准确无误	预算编制所需的全部编制依据

（续表）

编号	活动名称	责任主体	活动要点	输出成果
02	编制资金收支汇总表	财务部	根据经营预算、投资预算、财务预算中的资金收支项目和数额,编制资金收支汇总表	资金收支汇总表
03	编制资金运筹测算表	财务部	根据资金收支汇总表、资金最佳持有量等资料编制资金运筹测算表	资金运筹测算表
04	编制资金运筹预算	财务部	根据资金收支汇总表、金融及资本市场预测和资金最佳持有量等资料,编制资金运筹预算	资金运筹预算
05	编制现金流量表预算	财务部	根据经营预算、投资预算、财务预算中的资金收支项目和数额、资金收支汇总表、资金运筹预算等资料,编制现金流量表预算	现金流量表预算
06	会计审核	主管会计	主要审核资金运筹预算和现金流量表预算的编制依据是否充分,预算项目运用是否恰当,数据计算是否准确等内容	会计审核后的预算
07	部门审核	部门领导	审核、确认资金运筹预算和现金流量表预算	部门领导审核后的预算
08	领导签批	分管领导	公司分管领导签批资金运筹预算和现金流量表预算	领导签批后的预算
09	预算审核	预算管理部	预算管理部会同有关部门审查、评议职能部门上报的预算,向各部门下达《预算调整意见书》;职能部门根据调整意见,对预算进行修改和完善	审核通过的部门预算
10	全面预算汇编	预算管理部	审核通过的预算纳入公司全面预算汇编流程	—

五、编制资金收支汇总表

（一）资金收支汇总表

资金收支汇总表的格式如表9-10所示。

表9-10　2021年资金收支汇总表

编制部门：　　　　　　编制时间：　　年　　月　　日　　　　　　金额单位:元

项目编码	项目名称	1季度			2季度			3季度			4季度			全年合计		
		现款	承兑	合计	现款	承兑	合计	现款	承兑	合计	现款	承兑	合计	现款	承兑	合计
	1. 期初余额															
	2. 资金收入															

金额单位:元(续表)

项目编码	项目名称	1季度			2季度			3季度			4季度			全年合计		
		现款	承兑	合计	现款	承兑	合计	现款	承兑	合计	现款	承兑	合计	现款	承兑	合计
	2.1 销售收入															
	2.2 投资收益															
	2.3 营业外收入															
	…															
	收入合计															
	3. 资金支出															
	3.1 材料采购															
	3.2 职工薪酬															
	3.3 营业外支出															
	…															
	支出合计															
—	4. 期末余额															—

预算管理部： 　　分管领导： 　　部门领导： 　　主管会计： 　　编制人：

（二）填表说明

资金收支汇总表根据经营预算、投资预算和财务预算中的资金收支项目和数据汇总编制。各项目释义及填写方法如下：

（1）项目编码：填写预算数据库中的资金收支明细项目编码。

（2）项目名称：填写财务部规定的资金收支明细项目标准名称。

（3）期初余额：填写预算期期初的货币资金余额，根据预测数据填列。

（4）资金收入：填写预算期内资金收入项目及金额，根据经营预算、投资预算和财务预算中的资金收入项目和数据填列。

（5）收入合计：填写资金收入项目合计金额。

（6）资金支出：填写预算期内资金支出项目及金额，根据经营预算、投资预算和财务预算中的资金支出项目和数据填列。

（7）支出合计：填写资金支出项目合计金额。

（8）期末余额：根据公式"期末余额＝期初余额＋资金收入合计－资金支出合计"计算填列。

（9）现款：除商业汇票之外的其他结算方式，主要包括银行汇票、银行本票、汇兑、托收承付、汇款、信用证等。

（10）承兑：商业汇票结算方式。

（11）季度合计：填写预算期内资金收付金额，根据经营预算、投资预算和财务预算中的资金收支项目和数据填列，现款和承兑合计要等于季度合计金额。

（12）合计：横向将四个季度发生的资金收支金额进行合计。

六、编制资金运筹测算表

（一）资金运筹测算表

资金运筹测算表的格式如表9-11所示。

表 9-11 2021年资金运筹测算表

编制部门：　　　　　　编制时间：　　年　　月　　日　　　　　　金额单位：元

性质	项目	1季度	2季度	3季度	4季度	全年合计
资金余缺	1. 期初余额					
	2. 资金收入					
	3. 资金支出					
	4. 期末余额					
	5. 资金最佳持有量					
	6. 资金盈余或短缺					
资金运筹	1. 资金盈余运筹					
	1.1 归还银行借款					
	1.2 增加金融资产投资					
	…					
	运用资金合计					
	2. 资金短缺运筹					
	2.1 增加银行借款					
	2.2 增加承兑汇票					
	…					
	筹措资金合计					

（二）填表说明

资金运筹测算表是编制资金运筹预算的基础表,主要依据资金收支汇总表(表9-10)、资金最佳持有量和金融及资本市场预测等资料编制。各项目释义及填写方法如下:

(1) 资金余缺:预算期内资金盈余或短缺情况测算。

(2) 期初余额:填写预算期期初的货币资金余额,根据预测数据填列。

(3) 资金收入:填写预算期内资金收入汇总金额,根据资金收支汇总表(表9-10)填列。

(4) 资金支出:填写预算期内资金支出汇总金额,根据资金收支汇总表(表9-10)填列。

(5) 期末余额:根据公式"期末余额=期初余额+资金收入-资金支出"计算填列。

(6) 资金最佳持有量:填写按照成本分析模式或资金周转模式测算的预算期内资金最佳持有数量。

(7) 资金盈余或短缺:根据公式"资金余缺=期末余额-资金最佳持有量"计算填列。

(8) 资金运筹:针对预算期内资金盈余或短缺情况的运筹预案。

(9) 资金盈余运筹:填写预算期内对资金盈余的运筹方案,主要包括归还银行借款、增加金融资产投资等。

(10) 资金短缺运筹:填写预算期内对资金短缺的运筹方案,主要包括增加银行借款、增加承兑汇票存量等。

(11) 合计:资金余缺测算的期初余额填写一季度期初余额,期末余额根据公式"期末余额=期初余额+资金收入-资金支出"计算填列,资金收入和资金支出填写四个季度的合计金额,资金最佳持有量填写四季度数额,资金盈余或短缺根据公式"资金余缺=期末余额-资金最佳持有量"计算填列;资金运筹测算中的合计项目均可直接计算合计数。

七、编制资金运筹预算

（一）资金运筹预算表

资金运筹预算表的格式如表9-12所示。

表9-12　2021年资金运筹预算表

编制部门:　　　　　　编制时间:　年　月　日　　　　　　　　金额单位:元

项目编码	资金科目	期初余额	预算期增加	预算期减少	期末余额
	1. 银行借款				
	1.1 工行借款				

金额单位:元(续表)

项目编码	资金科目	期初余额	预算期增加	预算期减少	期末余额
	1.2 建行借款				
	1.3 农行借款				
	…				
	小计				
	2. 应付票据				
	2.1 银行承兑汇票				
	2.2 商业承兑汇票				
	小计				
	3. 应收票据				
	3.1 银行承兑汇票				
	3.2 商业承兑汇票				
	小计				
	4. 金融资产投资				
	4.1 债券投资				
	4.2 股票投资				
	4.3 基金投资				
	…				
	小计				
	合计				

预算管理部:　　　分管领导:　　　部门领导:　　　主管会计:　　　编制人:

(二) 填表说明

资金运筹预算是预算期内对资金盈余或短缺情况进行运筹的预算,主要依据资金运筹测算表(表9-11)、银行借款、银行承兑汇票(应付票据)、金融资产投资等资金科目期初余额等资料编制,年度预算要细化到季度或月度。各项目释义及填写方法如下:

(1) 项目编码:填写预算数据库中各资金科目的项目编码。

(2) 资金科目:填写资金运筹预算涉及的资金科目名称。

(3) 期初余额:填写各资金科目的期初余额,根据预测金额填列。

(4) 预算期增加:填写预算期内有关资金科目的增加金额,根据资金运筹测算表(表9-11)填列。

（5）预算期减少：填写预算期内有关资金科目的减少金额，根据资金运筹测算表（表 9-11）填列。

（6）期末余额：根据公式"期末余额＝期初余额＋预算期增加－预算期减少"计算填列。

（7）合计：纵向对银行借款、应付票据、应收票据、金融资产投资等项目的金额分别进行小计，并对各小计金额再进行合计。

八、编制现金流量表预算

（一）现金流量表预算表

现金流量表预算表的格式如表 9-13 所示。

表 9-13　2021 年现金流量表预算表

编制部门：　　　　　　　　编制时间：　年　月　日　　　　　　　　金额单位：元

序号	项目	金额
1	一、经营活动产生的现金流量：	
2	销售活动收到的现金	
3	收到的税费返还	
4	收到其他与经营活动有关的现金收入	
5	经营活动现金流入小计	
6	采购活动支付的现金	
7	职工薪酬支付的现金	
8	支付的各项税费	
9	支付其他与经营活动有关的现金支出	
10	经营活动现金流出小计	
11	经营活动产生的现金流量净额	
12	二、投资活动产生的现金流量：	
13	收回投资收到的现金	
14	取得投资收益收到的现金	
15	处置固定资产、无形资产和其他长期资产收回的现金净额	
16	处置子公司及其他营业单位收到的现金净额	
17	收到其他与投资活动有关的现金	
18	投资活动现金流入小计	

金额单位:元(续表)

序号	项目	金额
19	购建固定资产、无形资产和其他长期资产支付的现金	
20	投资支付的现金	
21	取得子公司及其他营业单位支付的现金净额	
22	支付其他与投资活动有关的现金	
23	投资活动现金流出小计	
24	投资活动产生的现金流量净额	
25	三、筹资活动产生的现金流量:	
26	吸收投资收到的现金	
27	取得借款收到的现金	
28	收到其他与筹资活动有关的现金	
29	筹资活动现金流入小计	
30	偿还债务支付的现金	
31	分配股利、利润或偿付利息支付的现金	
32	支付其他与筹资活动有关的现金	
33	筹资活动现金流出小计	
34	筹资活动产生的现金流量净额	
35	四、现金及现金等价物净增加额	
36	加:期初现金及现金等价物余额	
37	五、期末现金及现金等价物余额	

预算管理部：　　分管领导：　　部门领导：　　主管会计：　　编制人：

(二)填表说明

现金流量表预算是反映预算期内经营活动、投资活动和筹资活动现金流入与现金流出情况及其结果的预算。为了便于编制,现金流量表预算与财政部颁布的现金流量表有两个方面的不同:一是填列项目和数据与经营预算、投资预算、财务预算中的资金收付预算挂钩;二是鉴于承兑汇票是我国企业普遍使用的资金结算工具,因此现金流量表预算中的现金包含了承兑汇票的收支金额。各项目释义及填写方法如下:

(1)经营活动产生的现金流量:企业经营活动和事项的现金流入和流出量。

(2)销售活动收到的现金:根据货款回收预算(表2-12)填列。

(3)收到的税费返还:根据税费资金支付预算和营业外收入预算中有关税费返还项

目计算填列。

(4) 其他与经营活动有关的现金收入:根据营业外收入预算(表9-3)填列。

(5) 经营活动现金流入小计:(5)=(2)+(3)+(4)

(6) 采购活动支付的现金:根据采购付款预算(表6-16)填列。

(7) 职工薪酬支付的现金:根据职工薪酬资金支付预算(表4-14)填列。

(8) 支付的各项税费:根据税费资金支付预算(表7-16)填列。

(9) 其他与经营活动有关的现金支出:根据销售资金支付预算(表2-30)、生产资金支付预算(表3-24)、费用资金支付预算(表5-23)和营业外支出预算(表9-4)填列。

(10) 经营活动现金流出小计:(10)=(6)+(7)+(8)+(9)

(11) 经营活动产生的现金流量净额:(11)=(5)-(10)

(12) 投资活动产生的现金流量:企业长期资产的购建和对外投资活动的现金流入和流出量。

(13) 收回投资收到的现金:根据股权投资资金收付预算(表8-28)和金融资产投资预算(表8-31)填列。

(14) 取得投资收益收到的现金:根据投资收益预算(表8-36)填列。

(15) 处置固定资产、无形资产和其他长期资产收回的现金净额:根据固定资产处置与资金收入预算(表8-17)、无形资产处置与资金收入预算(表8-23)填列。

(16) 处置子公司及其他营业单位收到的现金净额:根据股权投资资金收付预算(表8-28)填列。

(17) 收到其他与投资活动有关的现金:根据金融资产投资预算(表8-31)填列。

(18) 投资活动现金流入小计:(18)=(13)+(14)+(15)+(16)+(17)

(19) 购建固定资产、无形资产和其他长期资产支付的现金:根据工程物资采购付款预算(表8-7)、项目费用及资金支付预算(表8-9)、工程款支付预算(表8-10)、固定资产应付账款与资金支付预算(表8-16)、无形资产应付账款与资金支付预算(表8-22)填列。

(20) 投资支付的现金:根据股权投资资金收付预算(表8-28)和金融资产投资预算(表8-31)填列。

(21) 取得子公司及其他营业单位支付的现金净额:根据股权投资资金收付预算(表8-28)填列。

(22) 支付其他与投资活动有关的现金:根据金融资产投资预算(表8-31)填列。

(23) 投资活动现金流出小计:(23)=(19)+(20)+(21)+(22)

(24)投资活动产生的现金流量净额:(24)=(18)-(23)

(25)筹资活动产生的现金流量:企业接受投资和借入资金导致的现金流入和流出量。

(26)吸收投资收到的现金:填写企业收到的投资者投入的现金,包括以发行股票、债券等方式筹集的资金。

(27)取得借款收到的现金:根据资金运筹预算(表9-12)填列。

(28)收到其他与筹资活动有关的现金:根据资金运筹预算(表9-12)填列。

(29)筹资活动现金流入小计:(29)=(26)+(27)+(28)

(30)偿还债务支付的现金:根据资金运筹预算(表9-12)填列。

(31)分配股利、利润或偿付利息支付的现金:根据费用资金支付预算(表5-23)、利润分配预算(表9-6)和股利、利润分配资金支付预算填列。

(32)支付其他与筹资活动有关的现金:根据其他与筹资活动有关资金支付预算填列。

(33)筹资活动现金流出小计:(33)=(30)+(31)+(32)

(34)筹资活动产生的现金流量净额:(34)=(29)-(33)

(35)现金及现金等价物净增加额:(35)=(11)+(24)+(34)

(36)期初现金及现金等价物余额:填写预算期期初的货币资金余额,根据预测数据填列。

(37)期末现金及现金等价物余额:(37)=(35)+(36)

第三节 资产负债表预算

一、定义

资产负债表预算是企业预算期期初、期末资产、负债及所有者权益变动情况的预算,主要包括资产、负债及所有者权益的期初、期末金额。

二、编制部门

资产负债表预算是由财务部负责编制。

三、编制依据

资产负债表预算的编制依据如表9-14所示。

表 9-14 资产负债表预算

序号	资料名称	资料说明	提供部门
1	经营预算	企业日常生产经营活动的预算,主要包括销售预算、生产预算、职工薪酬预算、期间费用预算、存货与采购预算、折旧摊销与税费预算等	有关部门
2	投资预算	企业有关长期资产投资活动的预算,主要包括工程项目预算、固定资产预算、无形资产预算、长期股权投资预算、金融资产投资预算和投资收益预算	有关部门
3	财务预算	企业经营活动、投资活动、财务活动及其成果的总预算,主要包括利润预算、资金预算等	财务部

四、编制流程

(一)编制流程图

资产负债表预算编制流程图如图 9-3 所示。

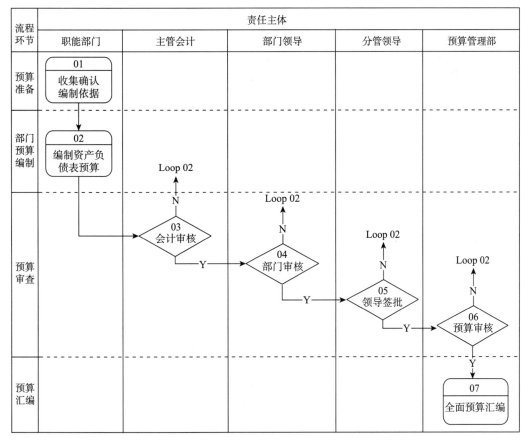

图 9-3 资产负债表预算编制流程图

（二）编制流程说明

资产负债表预算的编制流程说明如表9-15所示。

表 9-15 编制流程说明

编号	活动名称	责任主体	活动要点	输出成果
01	收集确认编制依据	财务部	（1）收集经营预算、投资预算、财务预算等资料 （2）确认预算编制依据收集齐全、内容准确无误	预算编制所需的全部编制依据
02	编制资产负债表预算	财务部	根据经营预算、投资预算、财务预算等资料，编制资产负债表预算	资产负债表预算
03	会计审核	主管会计	主要审核资产负债表预算的编制依据是否充分，预算项目运用是否恰当，数据计算是否准确等内容	会计审核后的预算
04	部门审核	部门领导	审核、确认资产负债表预算	部门领导审核后的预算
05	领导签批	分管领导	公司分管领导签批资产负债表预算	领导签批后的预算
06	预算审核	预算管理部	预算管理部会同有关部门审查、评议职能部门上报的预算，向各部门下达《预算调整意见书》；职能部门根据调整意见，对预算进行修改和完善	审核通过的部门预算
07	全面预算汇编	预算管理部	审核通过的预算纳入公司全面预算汇编流程	—

五、编制资产负债表预算

（一）资产负债表预算表

资产负债表预算表的格式如表9-16所示。

表 9-16 2021年资产负债表预算表

编制部门： 　　　　　编制时间： 　年　月　日　　　　　金额单位:元

序号	资产	年初数	期末数	序号	负债及股东权益	年初数	期末数
1	流动资产：			4	流动负债：		
1.1	货币资金			4.1	短期借款		
1.2	交易性金融资产			4.2	应付票据		

金额单位:元(续表)

序号	资产	年初数	期末数	序号	负债及股东权益	年初数	期末数
1.3	应收票据			4.3	应付账款		
1.4	应收账款			4.4	应付职工薪酬		
1.5	其他应收款			4.5	应交税费		
1.6	存货			4.6	其他应付款		
1.7	其他流动资产			4.7	其他流动负债		
1.8	流动资产合计			4.8	流动负债合计		
2	非流动资产:			5	非流动负债:		
2.1	债权投资			5.1	长期借款		
2.2	长期股权投资			5.2	应付债券		
2.3	其他权益工具投资			5.3	长期应付款		
2.4	固定资产			5.4	非流动负债合计		
2.5	在建工程			6	负债合计		
2.6	无形资产			7	所有者权益:		
2.7	开发支出			7.1	实收资本		
2.8	其他非流动资产			7.2	资本公积		
				7.3	盈余公积		
2.9	非流动资产合计			7.4	未分配利润		
				7.5	所有者权益合计		
3	资产总计			8	负债和股东权益总计		

(二)填表说明

资产负债表预算是在预算期期初资产负债表的基础上,根据"资产＝负债+所有者权益"这一会计恒等式所反映的三个会计要素之间的相互关系,依据企业编制的经营预算、投资预算、财务预算等资料测算分析编制的。因为编制年度预算时,预算期期初的资产负债状况还不知道,所以编制资产负债表预算需要按下列步骤进行:

第一步,预计预算期期初数据。如果已经编制的经营预算、投资预算、财务预算包含期初预算数据,则直接从有关预算中提取;若没有,则需要根据编制预算时企业资产负债表的实际期末数,加上到年末可能导致企业资产、负债及所有者权益增加的因素,减去到年末可能导致企业资产、负债及所有者权益减少的因素,经过分析计算后得出。

第二步,分析、计算预算期期末数据。期末数据按照公式"期末数=年初数+预算期增加数-预算期减少数"计算填列。计算中要特别注意剔除在不同预算中的同一项目和数值,避免重复统计和计算。

第三步,确定资产负债表预算。资产负债表预算的期末数据填列后,应通过计算分析资产负债表预算中的有关财务比率,观察、论证企业预算期的资产、负债、所有者权益各项目的构成比例是否合理,资产负债率、流动比率、股东权益比率等财务比率是否处于正常状态。如果确认财务状况良好,则就此结束资产负债表预算的编制;如果认为财务状况不理想,则应通过修订经营预算及其他预算的办法,使企业的财务状况尽量达到理想状态。

为了便于编制,资产负债表预算对财政部颁布的资产负债表项目进行了必要简化,即本企业没有的项目以及无法编制预算的项目不予填列。资产负债表预算的主要项目释义及填写方法如下:

1. 流动资产

(1) 货币资金:根据资金收支汇总表(表9-10)填列。

(2) 交易性金融资产:根据金融资产投资预算(表8-31)填列。

(3) 应收票据:根据资金运筹预算(表9-12)填列。

(4) 应收账款:根据应收账款预算(表2-13)填列。

(5) 其他应收账款:根据其他应收账款预算填列。

(6) 存货:根据产品存货预算(表6-4)、材料存货预算(表6-7)和在产品存货预算填列。

(7) 其他流动资产:根据其他流动资产预算填列。

(8) 流动资产合计:(8)=(1)+(2)+(3)+(4)+(5)+(6)+(7)

2. 非流动资产

(1) 债权投资:根据债权投资预算填列。

(2) 长期股权投资:根据长期股权投资预算(表8-27)填列。

(3) 其他权益工具投资:根据金融资产投资预算(表8-31)填列。

(4) 固定资产:根据固定资产增减变动预算(表8-18)、固定资产折旧预算(表7-4)填列。

(5) 在建工程:根据在建工程预算(表8-12)和工程物资库存预算(表8-5)填列。

(6) 无形资产:根据无形资产增减变动预算(表8-24)、无形资产摊销预算(表7-8)填列。

(7) 开发支出:根据研发支出预算(表5-11)中的"资本化支出"科目填列。

(8) 其他非流动资产:根据其他非流动资产预算填列。

(9) 非流动资产合计:(9)=(1)+(2)+(3)+(4)+(5)+(6)+(7)+(8)

3. 资产合计:3=1.(8)+2.(9)

4. 流动负债

(1) 短期借款:根据资金运筹预算(表9-12)填列。

(2) 应付票据:根据资金运筹预算(表9-12)填列。

(3) 应付账款:根据应付账款预算(表6-17)填列。

(4) 应付职工薪酬:根据应付职工薪酬变动预算(表4-15)填列。

(5) 应交税费:根据应交税费预算(表7-12)填列。

(6) 其他应付款:根据其他应付款预算填列。

(7) 其他流动负债:根据其他流动负债预算填列。

(8) 流动负债合计:(8)=(1)+(2)+(3)+(4)+(5)+(6)+(7)

5. 非流动负债

(1) 长期借款:根据资金运筹预算(表9-12)填列。

(2) 应付债券:根据应付债券预算填列。

(3) 长期应付款:根据长期应付款预算填列。

(4) 非流动负债合计:(4)=(1)+(2)+(3)

6. 负债合计:6=4.(8)+5.(4)

7. 所有者权益

(1) 实收资本:根据所有者权益预算(表9-7)填列。

(2) 资本公积:根据所有者权益预算(表9-7)填列。

(3) 盈余公积:根据所有者权益预算(表9-7)填列。

(4) 未分配利润:根据所有者权益预算(表9-7)填列。

(5) 所有者权益合计:(5)=(1)+(2)+(3)+(4)

8. 负债和股东权益总计:(8)=(6)+7.(5)

全面预算编制完成后,需要报请公司预算委员会及总经理办公室审核、研究,然后提交公司董事会和股东大会审议通过。